Berlitz

Hungarian
phrase book & dictionary

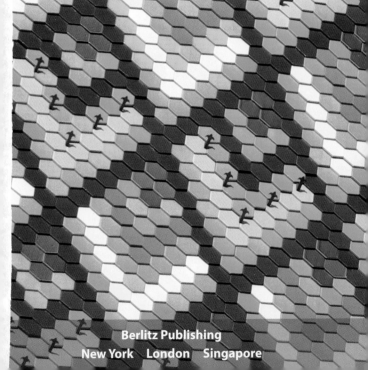

Berlitz Publishing
New York   London   Singapore

Contacting the Editors
Every effort has been made to provide accurate information in this publication, but changes are inevitable. The publisher cannot be responsible for any resulting loss, inconvenience or injury. We would appreciate it if readers would call our attention to any errors or outdated information. We also welcome your suggestions; if you come across a relevant expression not in our phrase book, please contact us at: **comments@berlitzpublishing.com**

All Rights Reserved
© 2007 Berlitz Publishing/APA Publications (UK) Ltd.
Berlitz Trademark Reg. U.S. Patent Office and other countries. Marca Registrada. Used under license from Berlitz Investment Corporation.

Third Printing: 2014
Printed in China

Publishing Director: Agnieszka Mizak
Senior Commissioning Editor: Kate Drynan
Translation: updated by ALINGUA
Simplified phonetics: Dr. T.J.A. Bennett
Cover & Interior Design: Beverley Speight
Production Manager: Vicky Glover
Picture Researcher: Tom Smyth (cover); Beverley Speight
Cover Photo: © all Ming Tang Evans except iStockphoto chillies, coins, mosaic

Interior Photos: iStockphoto p1, p37, p40, p44, p46, p90, p96; p112, p120,p134, p137, p138, p141, p142, p146 ; p43 Mina Patria; Ming Tang Evans p14, p16, p18, p21, p22, p25, p39, p52, p55, p56-87, p88, p92, p98, p103, p109, p110, p115, p119, p122, p123, p128, p130, p133, p156; Gregory Wrona p94; Beverley Speight p51, 159

We are particularly grateful to Judit Hollós for her help in the preparation of this book.

Contents

Food & Drink

People

Leisure Time

Special Requirements

In an Emergency

Dictionary

Pronunciation

This section is designed to make you familiar with the sounds of Hungarian using our simplified phonetic transcription. You'll find the pronunciation of the Hungarian letters and sounds explained below, together with their "imitated" equivalents. This system is based on sounds of familiar Hungarian words and is used throughout the phrase book.

Note that Hungarian has some diacritical signs — special markings over certain letters — which we don't use in English.

The imitated pronunciation should be read as if it were English except for any special rules set out below. It is based on Standard British pronunciation, though we have tried to take into account General American pronunciation as well. Of course, the sounds of any two languages are never exactly the same; but if you follow the indications supplied here, you'll have no difficulty in reading our transcription in such a way as to make yourself understood.

Consonants

Letter	Approximate Pronunciation	Symbol	Example	Pronunciation
b, d, f, h, m, n, v, x, z	as in English			
c	like ts in nets	**ts**	**arc**	*orts*
cs	like ch in chap	**ch**	**kocsi**	***kaw**chee*
g	always as in go, never as in gin	**g/gh**	**gáz**	*gaaz*
			régi	***ray**ghee*
gy	like di in medium, said fairly quickly	**dy**	**ágy**	*aad^y*
j	like y in yes	**y/y**	**jég**	*yayg*
k	always as in sick,	**k**	**kör**	*kurr*

	never as in kill			
i	always as in leap, never as in ball	**1**	**ital**	**ee***tol*
iy	like y in yes	**y/y**	**Károly**	**kaa***raw*y
ny	quite like ni in onion	**ny**	**hány**	*haan*y
P	always as in sip, never as in pill	**P**	**posta**	**pawsh***to*
r	pronounced with the tip of the tongue, like Scottish r	**r**	**ír**	$\overline{ee}r$
s	like sh in shoot	**sh**	**saláta**	**sho***llaato*
sz	like s in so	**s/ss**	**szó** **ész**	$s\overline{aw}$ *ayss*
t	always as in sit, never as in till	**t**	**túra**	$\overline{too}ro$
ty	like t y in a fast pronunciation of put your	**ty**	**atya**	*ot*y*o*
zs	like s in pleasure	**zh**	**zsír**	*zh*$\overline{ee}r$

*Bold indicates a lengthening of the sound, an extra emphasis on the vowel sound.

Vowels

Letter	Approximate Pronunciation	Symbol	Example	Pronunciation
a	quite like o in not (British pronunciation)	**0**	**hat**	*hot*
á	like the exclamation „ah!"	**aa**	**rág**	*raag*
e	quite like e in yes, but with the mouth a little more open, i.e. a sound between e in yes and a in ha	**æ**	**te**	*tæ*
é	like ay in say, but a pure vowel, not a diphthong, i.e. neither the tongue nor the lips move during the pronunciation of it	**ay**	**mér**	*mayr*
i	like ee in feet (short)	**ee**	**hideg**	***hee**dæg*
í	like ee in see (long)	**ēē**	**míg**	*mēēg*
o	quite like aw in saw (British pronunciation), but shorter	**aw**	**bot**	*bawt*
ó	like aw in saw, but with the tongue higher in the mouth	**aw**	**fotó**	***faw**tāw*

ö	like ur in fur, but short, without any r-sound, and with rounded lips	**ur**	**örök**	*ur*rurk
ő	like ur in fur, but without any r-sound, and with the lips tightly rounded	**ur**	**lő**	$\overline{lur}$
u	as in the British pronunciation of pull	**oo**	**kulcs**	koolch
ú	like oo in food	**$\overline{oo}$**	**kút**	$\overline{koot}$
ü	round your lips and try to say ee; the resulting sound should be as in French une or German fünf	**ew**	**körül**	**kur**rewl
ű	the same sound as ii, but long and with the lips more tightly rounded	**$\overline{ew}$**	**fűt**	$\overline{fewt}$

There are no "silent" letters in Hungarian, so all letters must be pronounced. This means that double consonants are pronounced long, e.g. **tt** in **kettő** (*kæt-tūr*) sounds rather like **t-t** in a fast pronunciation of par**t-t**ime. (But a double consonant appearing at the end of a word is pronounced short). It also means that vowels standing next to each other are pronounced separately and do not combine to produce diphthongs.

When two or more consonants stand next to each other, the last one can influence the pronunciation of the others. If it is "voiceless", it will make a preceding "voiced" consonant into a "voiceless" one, and vice versa, e.g. **végtelen** is pronounced as if it were written **véktele**n. The "voiceless" consonants are **c**, **f**, **k**, **p**, **s**, **sz**, **t**, **ty**, and the corresponding "voiced" ones are **dz**, **v**, **b**, **zs**, **z**, **d**, **gy**.

Every word, when pronounced alone, has a strong stress on the first syllable. When words are combined in sentences, the stress on the less important words weakens. The "double" forms of **cs**, **gy**, **ly**, **ny**, **sz**, **ty**, **zs** are **ccs**, **ggy**, **lly**, **nny**, **ssz**, **tty**, **zzs**. If the "double" form is divided at the end of a line, then the single form is written twice, e.g. **cs-cs** instead of **c-cs**.

In Hungarian, the letter **j** can combine with a preceding vowel to produce diphthongs, e.g. **új** (pronounced $\overline{oo}y$), **fej** (pronounced *fæ^y*), **sajt** (pronounced *soyt*). In all these cases, the **y** should be pronounced only fleetingly, as in bo**y**.

	Pronunciation of the Hungarian alphabet		
A	*o*	**NY**	*æn^y*
Á	*aa*	**O**	*aw*
B	*be* *	**Ó**	*$\overline{aw}$*
C	*tse*	**Ö**	*ur*
CS	*tsche*	**Ő**	*$\overline{ur}$*
D	*de*	**P**	*pe*
E	*æ*	**Q**	*kew*
É	*e*	**R**	*ær*
F	*ayf*	**S**	*æsh*
G	*ghe*	**SZ**	*æs*
GY	*d^{y}e*	**T**	*te*
H	*haa*	**TY**	*t^{y}e*
I	*ee*	**U**	*oo*
Í	*$\overline{ee}$*	**Ú**	*$\overline{oo}$*
J	*ye*	**Ü**	*ew*
K	*kaa*	**Ű**	*$\overline{ew}$*
L	*æl*	**V**	*ve*
LY	*æl **eep**seelon*	**W**	***doop**lovvay*
M	*æm*	**Z**	*ze*
N	*æn*	**ZS**	*zhe*

*e doesn't appear in the transcriptions, but is similar to the **a** in **late**

How to use this Book

Sometimes you see two alternatives separated by a slash. Choose the one that's right for your situation.

ESSENTIAL

I'm going to...

... megyek/utazom ...
mædyæk/ootozom

I'm on vacation.

A szabadságomat töltöm itt.
o sobodshaagawmot turlturm eet

I'm here on business.

Üzleti úton vagyok itt.
ewzlætee ōotawn vod'awk eet

Words you may see are shown in YOU MAY SEE boxes.

YOU MAY SEE...

VÁM	customs
VÁMMENTES ÁRU	duty-free goods
VÁMKÖTELES ÁRU	goods to declare

Any of the words or phrases listed can be plugged into the sentence below.

Tickets

A...ticket.

Egy ... jegy. *æd'... ædy*

one-way
    útra szóló *ootro sawl-aw*

return trip
    retúr *rætoor*

first class
    első osztályra *ælsūr awstaayro*

economy class
    economy-osztály *economy-awstaay*

Hungarian phrases appear in purple.

Read the simplified pronunciation as if it were English. For more on pronunciation, see page 7.

The Dating Game

Would you like
to go out...?
   for coffee
   for a drink
   to dinner

EL szeretnél jönni...? *æl særætnayl yurnnee...?*
kávézni *kaavayznee*
egy italra *æd' eetolro*
vacsorázni *vochawraaznee*

For Communications, see page 48.

Related phrases can be found by going to the page number indicated.

The Hungarian language is part of the Finno-Ugric languages and is known to be notoriously difficult. Just keep trying though, even a few words will often ensure better service and it is always appreciated.

Information boxes contain relevant country, culture and language tips.

Expressions you may hear are shown in You May Hear boxes.

YOU MAY HEAR...

Csak kicsit tudok angolul.
Chok keecheet toodawk ongawlool.

I only speak a little English.

Color-coded side bars identify each section of the book.

Survival

Arrival & Departure

ESSENTIAL

I'm on vacation.	**A szabadságomat töltöm itt.**
	o sobodshaagawmot turlturm eet
I'm here on business.	**Üzleti úton vagyok itt.**
	ewzlætee ōōtawn vodʸawk eet
I'm going to…	**… megyek/utazom** … *mædyæk/ootozom*
I'm staying at	**… szállodában szálltam meg.**
the…Hotel.	… *saalawdaabon saaltom mæg*

YOU MAY HEAR…

Kérem az útlevelét. *Kayræm oz ootlævælayt.*	Your passport, please.
Mi a látogatásának célja?	What's the purpose of
Mee o laatawgotaashaanok tsaylyo?	your visit?
Hol száll meg? *Hawl saal mæg?*	Where are you staying?
Meddig marad?	How long are you
Mædeeg morod?	staying?
Kivel jött? *Keevæl yewt?*	Who are you here with?

Border Control

I'm just passing	**Csak átutazóban vagyok**
through.	*Chok aatootozāwbon vodʸawk*
I'd like to declare	**Szeretném bejelenteni a…**
	Særætnaym bæyælæntænee o…
I have nothing	**Nincs bejelenteni valóm.**
to declare.	*Neench bæyælæntænee volawm.*

YOU MAY HEAR...

Van valami elvámolnivalója?
Von volomee ælvaamawlneevolawyo?

Anything to declare?

Ezért vámot kell fizetnie.
Æzayrt vaamawt kæl feezætnee-æ.

You must pay duty on this.

Kérem, nyissa ki ezt a táskát.
Kayræm, nyeesho kee æzt o taashkaat.

Open this bag.

YOU MAY SEE...

VÁM	customs
VÁMMENTES ÁRU	duty-free goods
VÁMKÖTELES ÁRU	goods to declare
SEMMI BEJELENTENI VALÓ	nothing to declare
ÚTLEVÉLVIZSGÁLAT	passport control
RENDŐRSÉG	police

Money

ESSENTIAL

Where's...?	**Hol van ... ?** *hawl von*
the ATM	**ATM automata** *AA-TAY-ÆM o-oo-taw-moto*
the bank	**bank** *bonk*
the currency exchange office	**pénzváltó** *panyzvaaltaw*
When does the bank open/close?	**Hány órakor nyitnak/zárnak a bankok?** *Haany awrokawr nyeetnok/zaarnok o bonkok?*
I'd like to change dollars/euros/pounds sterling into forint	**Forintra szeretném váltani a dollárt/eurót/font sterlinget.** *Fawreentro særætnaym vaaltoni o dawllaart/æ-oo-rawt/fawnt shtærleengæt.*
I'd like to cash traveler's cheques.	**Be szeretném váltani az utazási csekkeket.** *Bæ særætnaym vaaltonee oz ootozaashee chækækæt.*

At the Bank

I'd like to change money/get a cash advance.	**Pénzt szeretnék váltani/pénzt szeretnék kivenni az ATM-ből.** *Pænzt særætnayk vaaltonee/pænzt særætnayk keevænnee oz aa-tay-æm-bül.*
What's the exchange rate/fee?	**Mi a valuta árfolyama/ügyleti díja?** *Mee o volooto aarfawyomo/ewdylætee deeyo?*
I think there's a mistake.	**Véleményem szerint hiba történt.** *Vaylæmaynyæm særeent heebo turtaynt.*
I lost my traveler's cheques.	**Elvesztettem az utazási csekkjeimet.** *Ælvæstæt-tæm oz ootozaashee chæk-yæ-eemæt.*

My card...	**a ... kártyám** *o... kaartyaam*
was lost	**elveszett** *ælvæsæt*
was stolen	**ellopták** *æl-lawptaak*
doesn't work	**nem működik** *næm mewkurdeek*
The ATM ate my card.	**A kártyám az ATM-ben maradt.**
	O kartyaam oz aa-tay-æm-bæn morot.

For Numbers, see page 152.

> At some banks, cash can be obtained from ATMs with Visa™,
> Eurocard™, American Express® and many other international
> cards. Instructions are often given in English. Banks with a Change
> sign will exchange foreign currency. You can also change money at
> travel agencies and hotels, but the rate will not be as good. Remember
> to bring your passport when you want to change money.

The basic unit of currency in Hungary is the **Forint** (*fawreent*), abbreviated Ft. It is divided into **100 fillér** (*feellayr*).
Notes: 500, 1000, 2000, 5000, 10000, and 20000 Forints.
Coins: 5,10, 20, 50, 100 and 200 Forints.

YOU MAY SEE...

A KÁRTYÁ HELYEZZE BE IDE	insert card here
MÉGSEM	cancel
TÖRÖL	clear
JÓVÁHAGY	enter
PIN KÓD	PIN
KÉSZPÉNZ KIFIZETÉS	withdrawal
FOLYÓSZÁMLÁRÓL	from checking [current] account
TAKARÉKSZÁMLÁRÓL	from savings account
BIZONYLAT/	receipt
PÉNZFELVÉTEL BIZONYLATA	

Getting Around

ESSENTIAL

How do I get to town?	**Hogyan jutok a városba?**
	Hawdyon yootawk ovaaroshbo?
Where's...?	**Hol van a...?** *hawl von o...*
the airport	**a repülőtérre** *o ræpewlūrtayr-ræ*
the train station	**a vasútállomásra** *o voshōōtaal-lawmaashro*
the bus station	**buszpályaudvarra** *boospaayo-oodvorro*
the subway [underground] station	**metró állomásra** *mætrāw aallawmaashro*
Is it far from here?	**Messze van innen?**
	Massæ von eenæn?
Where do I buy a ticket?	**Hol lehet jegyet venni?**
	Hawl læhæt yædyæt vænnee?
A one-way/return-trip ticket to...	**Egy útra szóló/retúr jegy...**
	æd^y ootro sawl-aw/rætōōr yædy
How much?	**Mennyibe kerül?**
	mænyeebæ kærewl
Which gate/line?	**Melyik kijárat/vonal?**
	Mæyeek keeyaarot/vawnol?
Which platform?	**Melyik vágány?**
	Mæyeek vaagaany?
Where can I get a taxi?	**Hol lehet taxit fogni?**
	Hawl læhæt toxeet fawgnee?
Take me to this address.	**Kérem vigyen el erre a címre.**
	kayræm veedyæn æl ær-ræ o tséemræ
Do you have a map?	**Van térképe?** *von tayrkaypæ*

Tickets

When's...to Budapest?	**Mikor indul ... Budapestre?** *meekawr eendool ...boodoppæshtræ*
the (first) bus	**(az első) busz** *(oz ælshūr) boos*
the (next) flight	**(a következő) járat** *(o kurvætkæzūr) yaarot*
the (last) train	**(az utolsó) vonat** *(oz ootawlshāw) vawnot*
Where do I buy a ticket?	**Hol lehet jegyet venni?** *Hawl læhæt yædyæt vænnee?*
One/Two ticket(s) please.	**Kérek egy/két jegyet.** *Kayræk ædy/kayt yædyæt.*
For today/tomorrow.	**Mára/holnapra.** *Maaro/hawlnopro.*
A...ticket.	**Egy ... jegy.** *ædy ... yædy*
one-way	**útra szóló** *ootra sawl-aw*
return trip	**retúr** *rætōōr*
first class	**első osztályra** *ælsur awstaayro*
business class	**business osztályra** *beeznees awstaayro*
economy class	**economy-osztály** *economy-awstaay*
How much?	**Mennyibe kerül?** *mænyeebæ kærewl*
Is there a discount for...?	**... számára van kedvezmény?** *... saamaaro von kædvæzmayny?*
children	**gyerekek** *dyærækæk*

students	**diákok** *deeaakawk*	
senior citizens	**nyugdíjasok** *nyoogdeeyashok*	
tourists	**turisták** *toorishtaak*	
The express bus/ express train, please.	**Expressz buszra/Expressz vonatra kérek.** *Express boosro/express vawnotro keerek.*	
The local bus/train, please.	**Helyi buszra/vonatra kérek.** *Heyee boosro/vawnotro keerek.*	
I have an e-ticket.	**E-jegyem van.** *Æ-yædyæm von.*	

YOU MAY SEE…

ÉRKEZÉSEK	Arrivals
INDULÁSOK	Departures
POGGYÁSZ FELVÉTEL	Baggage claim
BIZTONSÁG	Security
BELFÖLDI JÁRATOK	Domestic flights
NEMZETKÖZI JÁRATOK	International flights
UTASFELVÉTEL	Check-in
E-JEGY UTASFELVÉTEL	E-ticket check-in
BESZÁLLÓ KAPU	Departure gates

YOU MAY HEAR...

Melyik légitársasággal utazik?
Mæyeek laygeetaarshashaggal ootozeek?

What airline are you flying?

Nemzeti vagy nemzetközi?
Næmzætee vody namzætkurzee?

Domestic or international?

Melyik terminál? *Mæyeek tærmeenaal?*

What terminal?

Can I buy...	**Vehetek...** *Væhætæk...*
a ticket on the bus/train?	**jegyet a buszon/vonaton?** *yædyæt o boosawn/vawnotawn?*
the ticket before boarding?	**felszállás előtt jegyet?** *Fælsaallaash elüt yædyæt?*
How long is this ticket valid?	**Meddig érvényes a jegy?** *Mædeeg ayrvaynyesh o yædy?*
Can I return on the same ticket?	**Visszaútra is érvényes ez a jegy?** *Veesso-ootro eesh ayrvaynyæsh æz o yædy?*
I'd like to...	**Szeretném ... a jegyfoglalásomat.** *særætnaym... o yædvfawglollaashawmot*
my reservation.	
cancel	**töröltetni** *turrurltætnee*
change	**megváltoztatni** *mægvaaltawstotnee*
confirm	**megerősíteni** *mægærūrsheētænee*

For Days, see page 155

Plane

Airport Transfer

How much is a taxi to the airport?	**Mennyibe kerül a reptérre a taxi?** *Mænyeebæ kærewl o ræptayræ o tæxee?*
To...Airport, please.	**A reptérre, kérem.** *O ræptayre, kayræm.*

YOU MAY HEAR...

Következő. *Kurvætkezü.*
Next!

Kérem az útlevelét/jegyét.
Kayræm oz ootlævælayt/yædyayt.
Your passport/ticket, please.

Csomagot is felad?
Chawmogawt eesh fælod?
Are you checking any luggage?

A kézi poggyásza túl nagy, hogy felvihesse a fedélzetre. *O kayzee pawdyaaso tool nady, hawdy fælveehæshæ o fædaylzætræ.*
That's too large for a carry-on [piece of hand luggage].

Személyesen csomagolta a bőröndjét?
Sæmay-yæshæn chawmogawlto o būurndyayt?
Did you pack these bags yourself?

Valakinek segített vinni a csomagját?
Volokeenæk shægeetæt veennee o chawmogyaat?
Did anyone give you anything to carry?

Vegye le a cipőjét! *Vædæ læ o tseepuryayt!*
Take off your shoes.

... beszállás folyamatban.
... besaallaash fawyomotbon.
Now boarding...

My airline is...	**A légitársaságom...** *O laygeetaarshashaagawm...*
My flight leaves at...	**A repülőm ... -kor indul.** *O ræpewlüm ... -kawr eendool.*
I'm in a rush.	**Sietek.** *sheeætæk*
Can you take an alternate route?	**Választhatna más útvonalat?** *Vaalosthotno maash ootvawnolot?*
Can you drive faster/ slower?	**Mehetne gyorsabban/lassabban?** *Mæhætnæ dyawrshobbon/loshobbon?*

Checking In

Where's check-in?	**Hol van az utasfelvétel?**
	Hawl von oz ootashfælvaytæl?
My name is…	**… vagyok.** … *vod^yawk*
I'm going to…	**… utazom** … *ootozawm*
I have…	**Van …** *Von…*
one suitcase	**egy bőröndöm** *edy būrurndörm*
two suitcases	**két bőröndöm** *kayt būrurndörm*
one piece	**egy darab** *edy dorob*
How much luggage	**Mennyi a megengedett csomagok száma?**
is allowed?	*Mænnyee o **mæg**ængædæt chawmogawk saama?*
Is that pounds or kilos?	**Font vagy kiló?** *Fawnt vady keelaw?*
Which terminal?	**Melyik terminál?** *Mæyeek tærmeenaal?*
Which gate?	**Melyik kapu?** *Mæyeek kopoo?*
I'd like a window/	**Az ablak/folyosó mellett szeretnék ülni.**
an aisle seat.	*Oz oblok/fawyawshaw mællæt særætnayk ewlnee.*
When do we leave/	**Mikor van az érkezés/indulás?**
arrive?	*Meekawr von oz ayrkæzaysh/eendoolash?*
Is the flight delayed?	**A járat késik?** *O yaarot kaysheek?*
How late?	**Mennyit?** *Mænyeet?*

For Time, see page 154.

Luggage

Where is/are...?	**Hol van/vannak ... ?** *hawl von/von-nok...*
the luggage trolleys	**a poggyászkocsik?** *o pawdyaaskawcheek*
the luggage lockers	**a poggyászmegőrző** *o pawdyaasmægūrrzūf*
the baggage claim	**poggyász felvétel** *pawdyaas fælvaytæl*
My luggage has been lost/stolen.	**A poggyászom elveszett/ellopták.** *o pawdyaaszohm ælvæsætt/ællawptaak.*
My suitcase is damaged.	**A bőröndöm megsérült.** *O būrurndurm magshayrewlt.*

Finding your Way

Where is/are...?	**Hoi van/vannak ... ?** *hawl von/von-nok*
the currency exchange	**valutaváltás** *vollootovaaltaash*
the car hire	**autókölcsönzés** *aootaw-kurlchurnzaysh*
the exit	**kijárat** *keeyaarot*
the taxis	**taxi** *toxee*
Is there...	**Van-e itt ...** *Von-æ eet...*
into town?	**A városba vezető út?** *O vaaroshbo væzætü oot?*
a bus	**autóbusz** *aootawboos*
a train	**vonat** *vawnot*
a Metro	**metró** *mætrāw*

For Asking Directions, see page 26.

Train

Where's the train station?	**Hol van a vasútpályaudvar?** *Hawl von o voshoot-paayo-oodvor?*
How far is it?	**Milyen messze van?** *Meeyæn mæssæ von?*
Where is/are...?	**Hol van/vannak?** *hawl von/vonnak*
the ticket office	**jegypénztár** *yædpænztaar*

YOU MAY SEE…

PERONOK	Platforms
INFORMÁCIÓ	Information
FOGLALÁS	Reservations
VÁRÓTÉR	Waiting room
ÉRKEZÉSEK	Arrivals
INDULÁSOK	Departures

the information desk	**információs pont** *eenfawrmaatseeawsh pawnt*
the luggage lockers	**csomagmegőrző szekrény** *chawmogmægūrzü sækrayny*
the platforms	**peronok** *pærawnawk*
Can I have a schedule [timetable]?	**Kaphatnék menetrendet?** *Kophotnayk mænætrændæt?*
How long is the trip?	**Milyen hosszú az út?** *Meeyæn hossoo oz oot?*
Is it a direct train?	**Ez közvetlen járat?** *Æz kurzvætlæn yaarat?*
Do I have to change trains?	**Át kell szállnom?** *aat kæl saalnawm*
Is the train on time?	**A vonat időre érkezik?** *O vawnot eedūræ ayrkæzeek?*

For Tickets, see page 21.

Budapest's railway stations are known as Keleti (Eastern), Déli (Southern) and Nyugati (Western). Use these names when asking for directions or when getting a taxi to make it easier to be understood.

YOU MAY HEAR...

Jegyeket kérem! *Yædyækæt kayræm!*	Tickets, please.
Át kell szállnia... *Aat kæl saalneeo...*	You have to change at...
Következő megálló...	Next stop...
Kurvætkæzur mægaallaw	
Hol van a buszpályaudvar?	Where's the bus station?
hawl von a boospaayo-oodvor?	
Milyen messze van?	How far is it?
Meeyæn mæssæ von?	
Hogy lehet ...-ba jutni?	How do I get to...?
Hody læhæt ... -bæ yootnee?	
Ez a busz...-ba megy?	Is this the bus to...?
Æz o boos ...-bæ medy?	
Szólna kérem, mikor kell leszállnom?	Can you tell me when to get off?
Sawlna kayræm, meekawr kæl læsaalnawm?	
Át kell szállnom?	Do I have to change buses?
aat kæl saalnawm	
Kérem, álljon meg itt!	Stop here, please!
Kayræm, aalyawn mæg eet!	

Departures

Which track [platform] to...?	**Melyik peron a ...?** *Mæyeek pærawn o... ?*
Is this the track [platform]/train to...?	**Erről a peronról megy a... vonat?** *Ærrül o pærawnrawl mædy o... vawnot?*
Where is track [platform]...?	**Hol van a ... peron?** *hawl von o... pærawn?*
Where do I change for...?	**Hol szállok át... ?** *hawl saallawk aat?*

On Board

Can I sit here/open the window?	**Leülhetek/nyithatok ablakot?** *Læewlhætæk/ nyeethotawk oblokawt?*
That's my seat.	**Ez az én helyem.** *Æz oz ayn hæyæm.*
Here's my reservation.	**Ide szól a foglalásom.** *Eedæ sawl o fawglolaashawm.*

For Tickets, see page 21.

Metro

Where's the metro station?	**Hol van a metróállomás?** *hawl von o mætrawaal-lawmaash*
A map, please.	**Térképet kérek.** *Tayrkaypæt kayræk*
Which line for…?	**Melyik metró megy … felé?** *mæyeek mætraw mædy … fælay*
Which direction?	**Melyik irányban?** *Mæyeek eeraanybon?*
Do I have to transfer [change]?	**Át kell szállnom?** *aat kæl saalnawm*

Bus stops are marked by a blue-bordered rectangular sign with the letter **M** and a list of stops on the route.

YOU MAY SEE…

BUSZMEGÁLLÓ	bus stop
FELTÉTELES MEGÁLLÓ	request stop
BEJÁRAT/KIJÁRAT	entrance/exit
KEZELJE A JEGYÉT	stamp your ticket

Is this the metro to…?	**Ez a metró … felé megy?** *Æz o mætraw … fælay medy?*
How many stops to…?	**Hány megállót kell menni … -ig?** *haany mægaal-lawt kæl mæn-nee …-eeg*
Where are we?	**Hol vagyunk?** *howl vadyoonk*

Taxi

Where can I get a taxi?	**Hol kapok taxit?** *hawl koppawk toxeet*
Can you send a taxi?	**Hívna nekem egy taxit?** *heevno nækæm ædʸ toxeet*
Do you have the number for a taxi?	**Tudja, milyen számon kell taxit hívni?** *Toodyo, meeyæn saamawn kæl toxeet heevnee?*
I'd like a taxi now/ for tomorrow at…	**Szeretnék mára/holnapra taxit kérni a …** *Særætnayk maaro/hawlnapro toxeet kayrnee a…*
Pick me up at… a	**Kérem, jöjjenek elém a.** *Kayræm, yuryænæk elaym*
I'm going to…	**… megyek** *…mædyæk*
this address	**Erre a címre** *Ærræ o tseemræ*
the airport	**A reptérre** *O ræptayr-ræ*

Taxis in Budapest should be taken with caution. Drivers are notorious for overcharging tourists, and rates can vary wildly from one car to the next. Always agree the fare in advance and ensure that if there is a meter, it's set at zero.

the train station	**A vasútállomásra** O voshōōtaallawmaashro
I'm late.	**Késésben vagyok.** Kayshayshbæn voďawk.
Can you drive faster/ slower?	**Tudna gyorsabban/lassabban menni, kérem?** *Toodno dyawrshobbon/loshobon mænnee, kayræm?*
Stop here!/Wait here.	**Itt álljon meg!/Várjon meg!** *Eet aalyawn mæg!/Vaaryawn mæg!*
How much?	**Mennyibe kerül?** mænyeebæ kærewl
You said it would cost…	**Azt mondta, hogy… fog kerülni.** *Ozt mawnto, hawdy… fawg kærewlnee.*
Keep the change.	**Tartsa meg a visszajárót!** Torcho mæg o veessoyaarawt!

YOU MAY HEAR…

Hová? Hawvaa?	Where to?
Milyen címre? Meeyæn tseemræ?	What's the address?
Éjszakai/reptéri illetéket kell fizetni. *Ay-ysokoyee/ræptayree eelletaykæt kæl feezatnee.*	There's a nighttime/ airport surcharge.

Bicycle & Motorbike

I'd like to hire…	**…szeretnék kölcsönözni.** *… særætnayk kurlchurnurznee.*
a bicycle	**Kerékpárt** Kæraykpaart
a moped	**Mopedet** Mawpædæt
a motorcycle	**Motorkerékpárt** Mawtawr-kæraykpaart
How much per day/ week?	**Mennyibe kerül az egy napi/heti kikölcsönzése?** *Mænyeebæ kærewl oz ædy nopee/hætee keekurlchurnzayshayrt?*

| Can I have a helmet/ lock? | **Kérhetek sisakot/lakatot?** *Kayrhætæk sheeshokawt/lokotawt?* |
| I have a puncture/ flat tyre. | **Defektet kaptam.** *Dæfæktæt koptom.* |

Car Hire

Where's the car hire?	**Hol van az autókölcsönző?** *Hawl von oz-oottaw-kurlchurnza*
I'd like...	**Szeretnék...** *Særætnayk...*
a cheap/small car	**egy olcsó/kicsi autót** *ædy awlchaw/ keechee o-ootawt*
an automatic/ a manual	**egy automata/kézi váltós autót** *ædy o-oo-tawmoto/kayzee vaaltowsh o-ootaswt*
air conditioning	**légkondicionáló** *laygkawndeetceeawnaalaw*
a car seat	**gyerekülés** *dyærækurlaysh*
How much...?	**Mennyibe kerül a...?** *Mænyeebæ kærewl o...*
per day/week	**egy napra/hétre** *ædy nopro/haytræ*
per kilometer	**per kilométer** *pær keelawmaytær*
for unlimited mileage	**korlátlan távolságra** *kawrlaatlon taavawlshaagro*
with insurance	**biztosítással** *beeztawsheetaashol*
Are there any discounts?	**Vannak-e kedvezmények?** *Vonnok-æ kædvæzmaynyæk?*

YOU MAY SEE...

BENZIN	gas [petrol]
ÓLOMMENTES	unleaded
NORMÁL	regular
SZUPER	super
DIESEL	diesel

YOU MAY HEAR...

Ön rendelkezik nemzetközi jogosítvánnyal? Do you have an
Urn rændælkæzeek næmzætkurzee international
yawgawsheetvaany? driver's license?

Kérem az útlevelét. Your passport, please.
Kayræm oz ootlævælayt.

Szeretne biztosítást kötni? Do you want insurance?
Særætnæ beeztawheetasht kertnee?

Előlegre lesz szükségem. I'll need a deposit.
Ælülægræ læs surkshaygæm.

Szignó/Aláírás itt. Initial/Sign here.
Seegnaw/Olaæeraash eet.

Fuel Station

Where's the fuel station?	**Hol találom a benzinkutat?** *Hawl tolaalawm o benzeenkootot?*
Fill it up.	**Tele kérem. t**æ*læ* **kay***ræm*
. . . forint, please.	**. . . forintot kérek.** . . . *fawreentawt kayræk.*
I'll pay in cash/ by credit card.	**Készpénzzel/kártyával fizetek.** *Kayspaynzæl/ kaartyaavol feezætæk.*

For Numbers, see page 152.

Asking Directions

Is this the way to. . . ?	**Ez az út. . . vezet?** *Æz oz oot. . . væzæt?*
How far is it to. . . ?	**Milyen messze van . . . ?** *meeyæn mæs-sæ von*
Where's. . . ?	**Hol van a. . . ?** *hawl von o*
. . . Street	**. . . utca** *ootso*
this address	**ez a cím** *æz o tseem*

YOU MAY SEE...

STOP	stop
ELSŐBBSÉGADÁS KÖTELEZŐ	yield
TILOS A PARKOLÁS	no parking
EGYIRÁNYÚ UTCA	one way
BEHAJTANI TILOS	no entry
GÉPJÁRMŰVEL BEHAJTANI TILOS	no vehicles allowed
ELŐZNI TILOS	no passing
LÁMPAJELZÉS ELŐTTED	traffic signal ahead
KIJÁRAT	exit

YOU MAY HEAR...

egyenesen *ædyænæshæn*	straight ahead
balra *bolro*	left
jobbra *yawbro*	right
a sarok mögött *o shorawk murgurt*	around the corner
szemben *sæmbæn*	opposite
mögött *murgurt*	behind
mellett *mælæt*	next to
után *ootaan*	after
észak/dél *aysok/dayl*	north/south
kelet/nyugat *kælæt/nyoogot*	east/west
a lámpáknál *o laampaaknaal*	at the traffic light
a kereszteződésnél *o kæræztæzurdayshnayl*	at the intersection

the highway [motorway]	**autópálya** *o-ootawpaayo*
Can you show me on the map?	**Megmutatná a térképen?** *mægmoototnaa o tayrkaypæn?*
I'm lost.	**Eltévedtem.** *æltayvædtæm*

Parking

Can I park here?	**Parkolhatok itt?** *porkawlhottawk eet*
Where's...?	**Hol van a ...?** *howl von o...*
the parking garage	**garázs** *goraazh*
the parking lot [car park]	**parkoló** *porkawlaw*
the parking meter	**parkoló óra** *porkawlaw awro*
How much...?	**Mennyibe kerül...?** *mæn^{y}eebæ kærewl*
per hour	**óránként** *$\overline{aw}$raankaynt*
per day	**naponként** *nopawnkaynt*
for overnight	**éjszakánként** *aysokaankaynt*

Breakdown & Repair

My car broke down.	**Elromlott a kocsim.** *ælrawmlawt o kawcheem*
My car won't start.	**Nem indul be a kocsim.** *næm eendool bæ o kawcheem*
Can you fix it (today)?	**Megjavítaná ezt ...(ma)?** *mægyoveetonaa æzt... (mo)?*
When will it be ready?	**Mikorra lenne kész?** *Meekawrro lænnæ kays?*
How much?	**Mennyibe kerül?** *mænveebæ kærewl*

Accidents

There was an accident.	**Baleset történt.** *bollæshæt turrtaynt*
Call an ambulance/ the police.	**Kérem, hívjon mentőt/rendőrséget!** *Kayræm, heevjawn mænturt/rændūrshaygæt!*

Places to Stay

ESSENTIAL

Can you recommend a hotel?	**Ajánlana nekem szállodát?** *Ajaanlono nækæm saalawdaat?*
I made a reservation.	**Előre foglaltam szobát.** *ælūrræ fawgloltom sawbaat*
My name is...	**... vagyok.** *.... vod^yawk*
Do you have a room...?	**Van szobájuk...?** *Von sawbaayook ...?*
for one/two	**egy/két fő számára** *ædy/kayt fur saamaaro?*
with a bathroom	**fürdőszobával** *fewrdursawbaavol?*
with air conditioning	**légkondicionált** *laygkawndeetseeawnaalt*
For...	**a...** *o...*
tonight	**ma éjszakára** *mo aysokaaro*
two nights	**két éjszakára** *kayt aysokaaro*
one week	**egy hétre** *edy haytræ*
How much?	**Mennyibe kerül ... ?** *mænveebæ kærewl*
Is there anything cheaper?	**Volna olcsóbb szobájuk?** *vawlno awlchāwb sawbaayook*
When's checkout?	**Meddig kell kijelentkezni?** *Mædeeg kæl keeyælæntkæznee?*
Can I leave this in the safe?	**Ezt hagyhatom a széfben?** *Æzt hodhotawm o sayf-bæn?*
Can I leave my bags?	**Itt hagyhatom a csomagomat?** *Eet hodyhotawm o chawmogawmot?*
Can I have my bill/ a receipt?	**Megkaphatom a számlámat/bizonylatomat?** *Mægkophotawm o saamlaamot/beezawnylotawmot?*
I'll pay in cash/ by credit card.	**Készpénzzel/kártyával fizetek.** *Kayspaynzæl/kaartyaabol feezætæk.*

Somewhere to Stay

Can you recommend…?	**Tudna ajánlani…?** *Toodno oyaanlonee… ?*
a hotel	**szállodát** *saalawdaat*
a hostel	**hostelt** *hawstælt*
a campsite	**kempinget** *kæmpeengæt*
a bed and breakfast (B&B)	**panziót reggelivel** *ponzeeawt rægæleevæl*
What is it near?	**Mi található a közelben?**
	Mee tololhotaw o kurzælbæn?
How do I get there?	**Hogy lehet odajutni?** *Hody læhæt awdoyootnee?*

Both large and small hotels go by the name **Szálloda** *saal-lawdo* (though the word "hotel" is also used quite widely). They are graded by stars, from 5-star deluxe establishments to 1-star budget hotels.

YOU MAY HEAR...

Kérem az útlevelét/hitelkártyáját.
Kayræm oz ootlævælayt/heetælkaartyaayaat.
Kérem, töltse ki az űrlapot.
Kayræm, turltshæ kee oz ewrlopawt.
Itt írja alá.
Et eeryo olaa.

Your passport/credit card, please.
Fill out this form.

Sign here.

At the Hotel

I have a reservation.	**Foglalásom van.** *Fawglolaashawm von.*
My name is…	**… vagyok.** *… vodvawk*
Do you have a room…?	**Van szobájuk…?** *Von sawbaayook… ?*
with a toilet/ shower	**WC/zuhanyzóval** *Vay-tsay/zoohawzawvol*
with air conditioning	**légkondicionálóval** *lay*gkawndeetseeawnaalawvol
that's smoking/ non-smoking	**nem dohányzó/dohányzó** *næm dawhaanyzaw/ dawhaanyzaw*
For…	**a…** *o…*
tonight	**ma éjszakára** *mo aysokaaro*
two nights	**két éjszakára** *kayt aysokaaro*
a week	**egy hétre** *ed*ᵞ *haytræ*
Do you have…?	**Van Önöknél…?** *Von urnurknayl… ?*
a computer	**számítógép** *saameetawgayp*
an elevator [a lift]	**lift** *leeft*
(wireless) internet service	**WiFi hozzáférés** *Vee-fee hawzzaafayraysh*
room service	**szobaszerviz** *sawbosærveez*

a pool	**uszoda** *oosawdo*
a gym	**konditerem** *kawndeetæræm*
I need...	**Szükségem van...** *Sewkshaygæm von...*
an extra bed	**pótágyra** *pawtadyro*
a cot	**gyermekágyra** *dyærmækodyro*
a crib	**kiságyra** *keeshadyro*

For Numbers, see page 152.

Fizetővendégszolgálat (*feezæturvændaygsawlgaalot*)
is the term for private accommodation, a service operated
by most travel agencies. In Budapest, rates overlap with those
of modest hotels, but in the countryside they are usually very
reasonable. You may have the choice of room only or with breakfast
included. Bathroom facilities, generally shared, are available.
Along major roads and in holiday centres you will also see numerous
signs for private accommodation reading **Szoba kiadó** or, in
German, **Fremdenzimmer**.

Price

How much per night/week?	**Mennyibe kerül egy éjszakára/hétre?** *mæn^yeebæ kærewl ædy ayvsokkaaro/haytræ*
Does that include…?	**Ez magában foglalja … ?** *æz moggaabon fawglolyo*
breakfast/tax?	**a reggelit a/kiszolgálást** *o ræg-gæleet o/ keesawlgaalaasht*
Are there any discounts?	**Vannak-e kedvezmények?** *Vonnok-æ kædvæzmaynyæk?*

Preferences

Can I see the room?	**Megnézhetem a szobámat?** *mægnayzhætæm o sawbaamot?*
I'd like a…room.	**Kérek … szobát.** *Kayræk… sawbaat.*
better	**jobb** *Yawb*
bigger	**nagyobb** *nod^yawb*
cheaper	**olcsóbb** *awlchāwb*
quieter	**csendesebb** *chændæshæb*
I'll take it.	**Kiveszem.** *keevæsæm*
No, I won't take it.	**Ez nem tetszik.** *æz næm tætseek*

Questions

Where is/are…?	**Hol van/vannak…?**	*howl von/**von**nok*
the bar	**a bár**	*o baar*
the bathrooms	**a fürdőszoba**	*o fuewrdursawbo*
the elevator [lift]	**a lift**	*o leeft*
I'd like…	**Szeretnék kérni…**	*Særætnayk kayrnee…*
a blanket	**takarót**	*tokorawt*
an iron	**vasalót**	*vosholawt*
the room	**a szoba**	*o sawbo*
key/key card	**kulcsot/ajtónyitó kártyát**	
	kulchowt/oytawnyeetaw kaartyaat	
a pillow	**párnát**	*paarnaat*
soap	**szappant**	*sop**pont*
toilet paper	**WC-papírt**	*Vay-tsay-popeert*
a towel	**törölközőt**	*turrurlkurzǖt*

YOU MAY SEE…

TOLNI/HÚZNI	push/pull
FÜRDŐSZOBA [WC]	bathroom [toilet]
ZUHANYOK	showers
LIFT	elevator [lift]
LÉPCSŐ	stairs
ÁRUSÍTÓ AUTOMATÁK JÉG	ice vending machines
MOSODA	laundry
NE ZAVARJANAK	do not disturb
TŰZVÉDELMI AJTÓK	fire door
VÉSZKIJÁRAT	(emergency) exit
TELEFONÉBRESZTÉS	wake-up call

Do you have an adapter for this?	**Van-e ... adapterük ehhez?** *Von-æ... odoptærewk æhæz?*
How do you turn on the lights?	**Hogyan kell felkapcsolni a villanyt?** *Hodyon kæl fælkopchawlnee o veelonyt?*
Can you wake me at...?	**Felkeltene ... -kor?** *Fælkæltænæ ... -kawr?*
Can I leave this in the safe?	**Ezt itt hagyhatom a széfben?** *Æzt eet hodyhotawm o sayfbæn?*
Can I have my things from the safe?	**Visszakaphatom a széfből a tárgyaimat?** *Veesokophotawm o sayfburl o taardyoeemot?*
Is there mail/ a message for me?	**Érkezett levelem/üzenetem?** *Ayrkæzæt lævælæm/ewzænætæm?*
Do you have a laundry service?	**Rendelkeznek mosodával?** *Rændælkæznæk mawshawdaavol?*

> Unlike the U.S., most of Europe runs on 220-volt electricity, and plugs are two-pronged. You may need a converter and/or an adapter for your appliance.

Problems

There's a problem.	**Gond van.** *Gawnd von.*
I lost my key/key card.	**Elvesztettem a kulcsolat/az ajtónyitó mágneskártyámat.** *Ælvæstætæm o kulchomot/ oz aytawnyeetaw kaartyaamot.*
I've locked my key/ key card in the room.	**Bezártam a kulcsomat/az ajtónyitó mágneskártyámat.** *Bæzaartom o kulchomot/oz oytawnyeetaw maagnæshkaartyaamot.*
There's no hot water/ toilet paper.	**Nincs meleg víz/WC papír.** *Neench mælæg veez/vay-tsay popeer.*

The room is dirty.	**A szoba koszos.** *O sawbo kawsawsh.*
There are bugs in the room.	**A szobában bogarak vannak.** *O sawbaabon bawgorok vonok.*
the air conditioning	**a légkondicionáló** *o laygkawndeetseeawnaa-lāw*
the fan	**a ventillátor** *o vænteel-laatawr*
the heat [heating]	**a fűtés** *o fewtaysh*
the light	**a világítás** *o veelaageetaash*
the TV	**a televízió** *o tælævéezeeāw*
the toilet	**a Wc** *o vay-tsay*
...doesn't work.	**Nem működik...** *næm méwkurdeek ...*
Can you fix...?	**Megjavítaná a ... ?** *Mægyoveetonaa ...*
I'd like another room.	**Kérek másik szobát.** *kayræk maasheek sawbaat*

Checking Out

When's checkout?	**Mikor kell kijelentkezni?** *Meekawr kæl keeyælæntkæznee?*
Can I leave my bags here until...?	**It hagyhatnám a csomagomat, amíg...?** *Eet hodyhotnaam o chawmogawmot, omeeg... ?*
Can I have an itemized bill/a receipt?	**Kaphatok részletes számlát/nyugtát?** *Kophotawk raysætæsh saamlaat/nyoogtaat?*

| I think there's a mistake. | **Véleményem szerint itt hiba van.** *Vaylæmaynyæm særeent eet heebo von.* |
| I'll pay in cash/ by credit card. | **Készpénzzel/kártyával fizetek.** *Kayspaynzæl/ kaartyaavol feezætæk.* |

Renting

I reserved an apartment/a room.	**Apartmant/szobát foglaltam.** *Oportmont/sawbaat fawgloltom.*
My name is…	**… vagyok.** *… vod'awk*
Can I have the keys?	**Kérhetem a kulcsot?** *Kayrhætæm o koolchawt?*
Are there…?	**Van ott…?** *Von awt…?*
dishes	**tányér** *taanyayr*
pillows	**párna** *paarno*
sheets	**ágynemű huzat** *aadynemew hoozot*
towels	**törölköző** *tur-rewl-kurzu*
kitchen utensils	**konyhafelszerelés** *kawnyhofalsærælaysh*
When do I put out the bins/recycling?	**Mikor kell kiürítenem a szemetest?** *Meekawr kæl kee-ewreetænæm o sæmætæsht?*
…is broken.	**El van törve.** *Æl von turrvæ.*
How does… work?	**Hogy működik a … ?** *Hawdy mewkurdeek o… ?*
the air conditioner	**légkondicionáló** *laygkawndeetseeawnaalaw*
the dishwasher	**mosogató** *mawshawgotaw*

the freezer	**fagyasztó** *fodyostaw*
the heater	**fűtés** *fewtaysh*
the microwave	**mikrosütő** *meekrawshewtü*
the refrigerator	**hűtő** *hewtü*
the stove	**tűzhely** *tewzhæy*
the washing machine	**mosógép** *mawshawgayp*

Domestic Items

I need…	**Szükségem van…** *Sewkshaygæm von…*
an adapter	**adapterre** *odoptærræ*
aluminum foil	**alufólia** *olloofāwleeo*
a bottle opener	**sörnyitó** *shurrn^yeetāw*
a broom	**seprűre** *shæprewræ*
a can opener	**konzervnyitó** *kawnzærvYeetāw*
cleaning supplies	**takarítószerre** *tokoreetawsærræ*
a corkscrew	**dugóhúzó** *doogāwhōozāw*
detergent [washing powder]	**mosószer** *mawshāwsær*
dishwashing liquid	**mosogatószer** *mawshawgottawsær*
bin bags	**szemetes zsák** *sæmætæsh zhaak*
a lightbulb	**égő** *aygur*
matches	**gyufa** *dyoofo*
a mop	**felmosó** *fælmawshaw*
napkins	**papírszalvéta** *poppeersolvayto*
paper towels	**papírtörölköző** *poppeerturrurlkurzūr*
plastic wrap [cling film]	**élelmiszerfólia** *aylælmeesærfawleeo*
a plunger	**WC-dugattyú** *vay-tsay-doogotyoo*
scissors	**olló** *awl-law*
a vacuum cleaner	**porszívó** *por-see-vaw*

For In the Kitchen, see page 78.

At the Hostel

Is there a bed available?	**Van szabad ágyuk?** *Von sobod aadyook?*
I'd like…	**Szeretnék kérni…** *Særætnayk kayrnee…*
a single room	**egy egyágyas szobát** *ædy ædyaadyosh sawbaat*
a double room	**egy kétágyas szobát** *ædy kaytaadvosh sawbaat*
a blanket	**takarót** *tokorawt*
a pillow	**párnát** *paarnaat*
sheets	**ágyneműt** *aadynæmewt*
a towel	**törülközőt** *turewlkurzūt*

Camping facilities are available at more than 200 sites, the majority of which are clustered around Lake Balaton, South-West of Budapest.

They are graded in three categories according to the amenities and services they offer. First and second-class sites have shops, restaurants, showers, toilets and electrical outlets for campers. Tents and cabins can be rented at first-class sites. Bills can be paid in local currency.

Do you have lockers?	**Vanértékmegőrző szekrényük?** *Von ayrtaykmægurzü sækraynyewk?*
When do you lock up?	**Mikor zárnak?** *Meekawr zaarnok?*
Do I need a membership card?	**Szükséges a tagkártya?** *Sewksaygæsh tog-kaartyo?*
Here's my international student card.	**Itt a nemzetközi diákigazolványom.** *Eet o næmzætkurzee deeaak-eegozawlvaanyawm.*

Going Camping

Can I camp here?	**Itt lesátorozhatok?** *Eet læshaatawrawz-hotok?*
Where's the campsite?	**Hol van a kemping?** *Hawl von o kæmpeeng?*
What is the charge per day/week?	**Mennyibe kerül naponta/hétre?** *mænyeebæ kærewl noppawnto/haytræ?*
Are there…?	**Van … ?** *von…*
cooking facilities	**főzésre lehetőség** *fūrzæshræ læhætūrshayg*
electric outlets	**áram** *aarom*
laundry facilities	**mosási lehetőség** *mawshaashee læhæturshæyg*
showers	**zuhanyozó** *zoohonvawzāw*
tents for hire	**sátorkölcsönzés** *shaatawr-kurlchurnzaysh*
Where can I empty the chemical toilet?	**Kiüríthetem a Vegyi WC-met?** *Keeewreethætæm o vædyee vay-tsay-mæt?*

For Domestic Items, see page 45.

YOU MAY SEE…

IVÓVÍZ	drinking water
TILOS A KEMPINGEZÉS.	no camping
TILOS A TÁBORTŰZ/GRILLEZÉS	no fires/barbecues

Communications

ESSENTIAL

Where's an internet cafe	**Hol van az internet cafe?** *Hawl von oz eentærnæt kofay?*
Can I access the internet/check my email?	**Kaphatok internet hozzáférést/megnézhetem az üzeneteimet?** *Kophotawk eentærnæt hawz-zaafayraysht/mægnayz-hætæm oz ewzænætæ-eemæt?*
How much per half hour/hour?	**Mennyibe kerül a félórás/egyórás használata?** *Mænnyeebæ kærewl o faylawraash/ædyawraash hosnaaloto?*
How do I connect/log on?	**Hogyan csatlakozhatok/jelentkezhetek be?** *Hawdyon chotlokawz-hotok/yælæntkæzhætæk bæ?*
A phone card, please.	**Kérek telefonkártyát.** *Kayræk tælæfawn-kaartyaat.*
Can I have your phone number?	**Megadná a telefonszámát?** *Mægodnaa o tælæfawn-saamaat?*
Here's my number/email.	**Itt az e-mail címem.** *Eet oz e-mail tseemæm.*
Call me.	**Kérem, hívjon fel engem!** *Kayræm, heevyawn fæl ængæm!*
Email me.	**Kérem, küldjön e-mailt!** *Kayræm, kewldyurn email-t!*
Hello. This is…	**Szia, itt…** *See-yo, eet…*
Can I speak to…?	**… szeretnék beszélni?** *… særætnayk bæsaylnee?*
Can you repeat that?	**Ismételje meg, kérem!** *Eeshmaytælyæ mæg, kayræm!*
I'll call back later.	**Később visszahívlak.** *Kayshurb veesoheevlok.*
Bye.	**Viszlát/Szia!** *Veeslot/See-yo!*

48

| Where's the post office? | **Hol van a posta?** *Hawl von o pawshto?* |
| I'd like to send this to… | **… szeretném küldeni.** … *særætnaym kewldanee.* |

Online

Where's an internet cafe?	**Hol van az internet cafe?** *Hawl von oz eentærnæt kofay?*
Does it have wireless internet?	**Van WiFi internetes hozzáférése?** *Von vee-fee eentærnætæs hawz-zaafayraysh?*
What is the WiFi password?	**Mi a WiFi jelszava?** *Mee o vee-fee yælsovo?*
Is the WiFi free?	**A WiFi használata ingyenes?** *O vee-fee hosnaaloto eendyænæsh?*
Do you have bluetooth?	**Van Bluetooth-a?** *Von Bluetooth-o?*
Can you show me how to turn on/off the computer?	**Megmutatná, hogyan kapcsoljam be/ki a számítógépet?** *mægmoototnaa, hawdyon kopchawl-yom bæ-kee o saameetawgaypæt?*
Can I access the internet?	**Kaphatok internetes hozzáférést?** *Kophotawk eentærnætæsh hawz-zaafayraysht?*
Can I check my email?	**Megnézhetem az e-mail üzeneteimet?** *mægnayz-hætæm oz e-mail ewzætæ-eemæt?*
Can I print?	**Nyomtathatok?** *Nyawmtothotawk?*
Can I plug in/charge my laptop/iPhone/iPad/BlackBerry?	**Bekapcsolhatom/feltölthetem a laptopomat/iPhone-omat/iPadomat/BlackBerry-met?** *Bækopchawlhotawm/fælturlthætæm o loptop-awmot/iPhone-awmot/iPad-awmoat/BlackBerry-mæt?*
Can I access Skype?	**Használhatom a Skype-ot?** *Hosnaalhotom o skype-awt?*

How much per half hour/hour?	**Mennyibe kerül a félórás/egy órás használata?** *mænyeebæ kærewl o faylawrash/edyawrash hosnaaloto?*
How do I...?	**Hogyan...?** *Hawdyon*
connect/disconnect	**csatlakozhatok/kapcsolhatom szét-** *chotlokawz hotok/kopchawlhotom sayt?*
log on/off	**bejelentkezés/kijelentkezés** *bæyælæntkæzaysh/ keeyælæntkæzaysh*
type this symbol	**írd be ezt a jelet** *eerd bæ æzt o yælæt*
What's your email?	**Mi az e-mail címe?** *Mee oz email tseemæ?*
My email is...	**Az én e-mail címem...** *Oz ayn email tseemæm...*
Do you have a scanner?	**Van szkennerük?** *Von skænærewk?*

YOU MAY SEE...

BEZÁR	Close
TÖRÖL	Delete
E-MAIL	email
KILÉPÉS	exit
SEGÍTSÉG	help
KOMMUNIKÁTOROK	instant messenger
INTERNET	internet
BEJELENTKEZÉS	log in
ÚJ (ÜZENET)	new (message)
BEKAPCSOL/KIKAPCSOL	on/off
MEGNYITÁS	open
NYOMTATÁS	print
MENTÉS	save
KÜLDÉS	send
FELHASZNÁLÓNÉV/JELSZÓ	username/password
WIFI	wireless internet

Social Media

Are you on Facebook/ Twitter?	**Megtalálhatom Önt a Facebookon/Twitteren?** *Maegtolaalhotawm urnt o Facebook-awn/Tveettaeraen?*
What's your username?	**Mi a felhasználó neve?** *Mee o faelhosnaalaw naevae?*
I'll add you as a friend.	**Hozzáadom az ismerőseimhez.** *Hawzaa-odawm awz eeshmaerurshae-eemhaez*
I'll follow you on Twitter.	**A Twitteren követni fogom.** *A Tveettaereaen kurveatnee fawgawm*
Are you following. . . ?	**Ön is követ…?** *Urn eesh kurvaet?*
I'll put the pictures on Facebook/Twitter.	**Felteszem a képeket a Facebookra/Twitterre.** *Fealtaesaem o kaypaekaet o Facebbok-ro/Tveettaerae*
I'll tag you in the pictures.	**Megjelöllek a képeken.** *Meagyaelurlaek o kaypaekaen*

Phone

A phone card/ prepaid phone, please.	**Telefonkártyát/feltöltőkártyát kérek.** *Talæfawn-kaartyaat/fælturltükaartyaat kayræk.*
How much?	**Mennyibe kerül?** *mænyeebæ kærewl*
Where's the pay phone?	**Hol találok telefonfülkét?** *Hawl tolaalawk tælæfawnfewlkayt?*

What's the area country code for…?	**Mi az ország előhívószáma…?** *Mee oz awrsaag elur-heevaw-saamo?*
What's the number for Information?	**Mi a tudakozó száma?** *Mee o toodokawzaw saamo?*
I'd like the number for…	**Kérem a… számát.** *Kayræm o … saamaat.*
I'd like to call collect [reverse the charges].	**R-beszélgetést szeretnék.** *ær-bæsaylgætaysht særætnayk*
My phone doesn't work here.	**A telefonom itt nem működik.** *O tælæfawnawm eet næm mewkur-deek.*
What network are you on?	**Milyen hálózatban van?** *Meeyæn haalawzotbon von?*
Is it 3G?	**Ez 3G?** *Ez haarawm-gay?*
I have run out of credit/minutes.	**Elfogyott a kreditem/perceim.** *Ælfaw-dawt o krædeetæm/pærtsæ-eem.*
Can I buy some credit?	**Feltölthetem a telefont?** *Fælturlthætæm o tælæfawnt?*
Do you have a phone charger?	**Van telefontöltője?** *Von tælæfawn-turltüyæ?*

YOU MAY HEAR...

Ki beszél? *kee bæsayl*
Who's calling?

Kérem, tartsa a vonalat.
Hold on.
kayræm, torcho o vawnolot

Átadom a kagylót...
I'll put you through to
aatodam o kodylawt
him/her.

Ebben a pillanatban nem elérhető/
másik vonalon beszél. *Æbbæn o*
He/She is not here/on
peellonotbon næm ælayrhætü/maasheek
another line.
vawnolawn bæsayl.

Szeretne üzenetet hagyni?
Would you like to leave
Særætnæ ewzænætæt hodynee?
a message?

Kérem, telefonáljon később/
Call back later/in ten
10 perc múlva. *Kayræm, tælæfawnaalyawn*
minutes.
kayshüb/teez pærts moolvo.

Később hívhatom? *Kayshüb heevhotawm?*
Can he/she call you back?

Mi a száma? *Mi a saamo?*
What's your number?

Can I have
your number?
Elkérhetem a számát? *Ælkayrhætæm o saamaat?*

Here's my number.
Ez a számom. *Æz o saamawm.*

Please call/text me.
Kérem, hívjon föl/írjon sms-t.
Kayræm, heevyawn fæl/eeryawn æshæmæsht.

I'll call/text you.
Felhívom/írok sms-t. *Fælheevawm/eerawk æshæmæsht.*

For Numbers, see page 152.

Telephone Etiquette

Hello. This is…	**Halló, itt … beszél.** *hol-lāw eet … bæsayl*
Can I speak to…?	**… -val/-vel szeretnék beszélni.**
	…-vol/-vælsærætnayk bæsaylnee
Extension…	**… Mellék** … *Mæl-layk*
Speak louder/more slowly, please.	**Kérem, beszéljen hangosabban/lassabban!** *Kayræm, bæsayl-yæn hongawshobon/loshobon!*
Can you repeat that?	**Kérem, ismételje meg!** *Kayræm, eeshmaytælyæ mæg!*
I'll call back later.	**Később visszahívom.** *kayshūrb vees-so-héé-vawm*
Bye.	**Viszonthallásra!** *Veesawnthollaashro!*

Fax

Can I send/receive a fax here?	**Küldhetek innen/fogadhatok itt faxot?** *Kewldhætæk eenæn/fawgodhotawk eet foxawt?*
What's the fax number?	**Mi a faxszám?** *Mee o fox-saam?*
Please fax this to…	**Kérem, küldjék a faxot a …** *Kayræm, kewld-yayk o foxawt o…*

YOU MAY HEAR…

Kérjük, töltse ki a vámnyilatkozatot!
Kayraem, turltshae kee o vaamnyeelotkawzotawt.

Fill out the customs declaration form.

Mi az értéke? *Mee oz ayrtaykae?*

What's the value?

Mi van benne? *Mee von baennae?*

What's inside?

Post

Where's the post office/mailbox?	**Hol van a postahivatal/postaláda?** *Hawl von o pawshtoheevotol/pawshtolaado?*
A stamp for this postcard/letter please.	**Erre a levélre/képeslapra kérek bélyeget.** *ær-ræ o lævaylræ/kaypæshlopro kayræk bayvægæt*
How much?	**Mennyibe kerül?** *mænyeebæ kærewl*
Send this package by airmail/express.	**A csomagot légipostával/gyorspostával kérem feladni.** *A chawmogawt laygee-pawshtaavol/ dyawrshpawshtaavol kyræm fælodnee.*
A receipt, please.	**Kérem a bizonylatot.** *Kayræm o beezawnylotawt.*

Postboxes in Hungary are painted red and usually decorated with a hunting horn.

Food & Drink

300

Sos Prec

ESSENTIAL

Can you recommend a good restaurant/bar?	**Tudna ajánlani egy jó éttermet/bárt?** *toodno oyaanlonnee æd⁰ yāw ayt-tærmæt/bar*
Is there a traditional/ an inexpensive restaurant nearby?	**A közelben van helyi ételeket kínáló étterem/ nem drága étterem?** *O kurlælbæn von hæyee aytælækæt keenaalaw/næm draago ayt-tæræm.*
A table for..., please.	**Kérek ... fős asztalt.** *Kayræk... füsh ostolt.*
Can we sit...?	**Leülhetünk...?** *Læewlhætewnk...?*
here/there	**itt/ott** *eet/awt*
outside	**kint** *keent*
in a non-smoking area	**nem dohányzó részben** *næm dawhaanv –zaw raysbæn*
I'm waiting for someone.	**Várok valakit.** *Vaarawk volokeet.*
Where are the toilets?	**Hol van a W.C.?** *hawl von o vaytsay*
The menu, please.	**Egy étlapot kérnék.** *ædv aytloppawt kayrnayk*
What do you recommend?	**Mit ajánlana?** *meet oyaanlonno*
I'd like...	**Kérnék ...** *kayrnayk ...*
Some more..., please.	**Kaphatnék még ...?** *kophotnayk mayg...*
Enjoy your meal!	**Jó étvágyat!** *Yaw aytvaadv ot.*
The check [bill], please.	**Kérem a számlát.** *Kayræm o saamlaat.*
Is service included?	**Az ár tartalmazza a kiszolgálást?** *Az aar tortolmozo o keesawlgaalaasht?*
Can I pay by credit card/have a receipt?	**Fizethetek kártyával/kérhetek számlát?** *Feezæthætæk kaartyaavol/kayrhætæk saamlaat?*

Where to Eat

Can you recommend…?	**Tudna ajánlani…?** *toodno oyaanlonnee….?*
a restaurant	**éttermet** *ayt-tærmæt*
a bar	**bárt** *baart*
a café	**kávézót** *kaavayzawt*
a fast food place	**gyorséttermet** *dyorsh-ayt-tærmæt*
a cheap restaurant	**olcsó éttermet** *awlchaw ayt-tærmæt*
an expensive restaurant	**drága éttermet** *draago ayt-tærmæt*
a restaurant with a good view	**szép kilátással rendelkező éttermet** *sayp keelaataashol ranedaælkæzü ayt-tærmæt*
an authentic/ a non-touristy restaurant	**igazi/nem turistáknak szóló éttermet** *eegozee/ næm tooreeshtaaknok sawlaw ayt-tærmæt*

Étterem are traditional restaurants, serving a wide range of dishes and drinks, and many have live music in the evenings. **Cukrászda** are pastry shops serving sandwiches and cakes and coffee, tea and some alcohol. **Csárda** or country inns and are foung mainly on the major highways. They usually offer regional food and drink specialities in the mid-price range.

For food on-the-go, try a **Büfé/Falatozó**. Found at railway and bus stations, in shopping centres and department stores, buffets serve hot and cold sandwiches, cakes, desserts and all kinds of drinks including coffee and tea. Finally, **Bisztró** are small restaurants, generally offering reasonably priced standard meals and drinks with quick service.

Reservations & Preferences

I'd like to reserve a table...	**Asztalt szeretnék foglalni...** *Ostolt særætnayk fawglolnee...*
for two	**két fő számára** *kayt fü saamaaro*
for this evening	**ma estére** *mo æshtayræ*
for tomorrow at...	**holnapra...** *hawlnopro...*
A table for two, please.	**Két fős asztalt kérek.** *Kayt füs ostolt kayræk.*
I have a reservation.	**Foglalásom van.** *Fawglolaashawm von.*
My name is...	**... vagyok.** *... vodvawk*
Can we sit...?	**Leülhetünk?** *Læ-ewlhætewnk?*
here/there	**itt/ott** *eet/awt*
outside	**kint** *keent*
in a non-smoking area	**nemdohányzó részben** *næm-dawhaanyzaw raysbæn*
by the window	**az ablaknál** *oz obloknaal*
in the shade	**árnyékban** *aarnyækbon*
in the sun	**napon** *nopawn*
Where are the toilets?	**Hol van a W.C.?** *hawl von o vaytsay*

How to Order

Excuse me, sir/ma'am?	**Elnézését kérem.** *Ælnayzayshayt kayræm.*
We're ready (to order).	**Készek vagyunk (rendelni).**
	Kaysæk vadyoonk rændælnee.
The wine list, please.	**Az itallapot legyen szíves!**
	oz eetolloppawt lædyæn seevæsh
I'd like...	**Szeretnék...** *Særætnayk...*
a bottle of...	**egy üveg...** *ædʸ ewveg*
a carafe of...	**kancsó...** *konchaw*
a glass of...	**pohár...** *pawhaar*
The menu, please.	**Étlapot kérek.** *Aytlopawt kayræk.*
Do you have...?	**Rendelkeznek...** *Rændælkæznæk...*
a menu in English	**angol nyelvű étlappal** *ongawl nyælvew aytloppol.*
a fixed price menu	**fix árú menüvel** *feex aaroo mænewvæl*
a children's menu	**gyermek menüvel** *dyærmæk mænewvæl*
What do you recommend?	**Mit ajánl?** *Meet ayaanl?*

YOU MAY HEAR...

Van foglalásuk? *Von fawglolaashook?*	Do you have a reservation?
Hány (főre)? *Haany furre?*	How many?
Nemdohányzó vagy dohányzó részben?	Smoking or non-smoking?
næm-dawhaanyzaw vody dawhaanyzaw raysbæn	
Felvehetem a megrendelést? *Fælvæhætæm o mægrændælaysht?*	Are you ready (to order)?
Mit kérnek? *Meet kayrnæk?*	What would you like?
Ajánlom a... *Ayaanlawm o...*	I recommend...
Jó étvágyat. *Yaw aytvaadv ot.*	Enjoy your meal.

What's this?	**Ez mi?** *Æz mee?*	
What's in it?	**Mi van benne?** *Mee von bænnæ?*	
Is it spicy?	**Ez fűszeres?** *Æz fewsæræsh?*	
I'd like…	**Kérnék…** *kayrnayk*	
More…, please.	**Több…** *Turb…*	
With…	**-al/-el** *-ol/-æl*	
Without…, please.	**… nélkül kérem.** *…naylkewl kayræm.*	
I can't have…	**Nem tudom megenni…** *Næm toodawm mægænnee…*	

Rare	**angolosan/véresen** *ongawlawshon/vayræshæn*
Medium	**közepesen átsütve** *kurzæpæshæn aatshewtvæ*
well-done	**jól megsütve** *yawl mægshewtvæ*
It's to go [take away].	**Elvitelre.** *Ælveetælræ.*

For Drinks, see page 79.

Cooking Methods

baked	**sült** *shewlt*
boiled	**főtt** *fūrt*
braised	**dinsztelt** *deenstælt*
breaded	**rántott** *raantawt*
creamed	**krémes** *kraysæsh*
diced	**kocka** *kawtsko*
filleted	**filézett** *feelayzaet*
fried	**sült** *shewlt*
grilled	**roston sült** *rawshtawn shewlt*
roasted	**sült** *shewlt*
sautéed	**pirított** *peereetawt*
smoked	**füstölt** *fewshturlt*
steamed	**párolt** *paarawlt*
stewed (quickly)	**főtt** *fūrt*
stewed (slowly)	**pörköltnek** *purrkurltnæk*

stuffed	**töltött** *turlturt*
underdone (rare)	**félig átsütve** *fayleeg aatshewtvæ*
medium	**közepesen kisütve** *kurzæpæshæn keeshewtvæ*
well-done	**jól megsütve** *yawl mægshewtvæ*

Dietary Requirements

I'm...	**...vagyok.** ... *vod^yawk*
diabetic	**cukorbeteg** *tsookawrbætæg*
lactose intolerant	**Laktóz intoleranciám van.**
	Loktawz eentawlærontseeaam von.
I'm vegetarian.	**Vegetáriánus vagyok.**
	væghætaareeaanoosh vod^yawk
I'm vegan.	**Vegán vagyok.** *Vægaan vod^yawk.*
I'm allergic to...	**Allergiás vagyok...**
	Ollærgeeash vod^yawk...
I can't eat...	**Nem ehetek...** *Næm æhætæk...*
dairy products	**tejtermékeket** *tæytærmaykæt*
gluten	**glutént** *glootaynt*
nuts	**diót** *dee^yawt*
pork	**sertéshúst** *shærtaysh-hoosht*

shellfish	**rákféléket** *raakfaylaykæt*
spicy foods	**csípős ételeket** *cheepüsh aytælækæt*
wheat	**lisztet** *leestæt*
Is it halal/kosher?	**Halal vagy kóser?** *Holol vadʸ kawshær?*
Do you have…?	**Rendelkeznek…?** *Rændælkæznæk…?*
skimmed milk	**sovány tejjel** *shawvaany tæy-yæl*
whole milk	**zsíros tejjel** *zheerawsh tæy-yæl*
soya milk	**szójatejjel** *sawyotæy-yæl*

For Health Conditions, see page 140.

For Health Conditions, see page 140.

Dining with Children

Do you have children's portions?	**Tudnak gyermek adagot adni?** *Toodnok dy ærmæk odogawt odnee?*
A highchair/child's seat, please.	**Kérek gyerekszéket.** *Kayræk dy æræksaykæt.*
Where can I feed/ change the baby?	**Hol lehet megetetni/pelenkázni a gyereket?** *Hawl læhæt mægætætnee/pælænkaaznee a dy ærækæt?*
Can you warm this?	**Felmelegítené ezt, kérem?** *Fælmælægeetænay æzt, kayræm?*

For Traveling with Children, see page129.

YOU MAY SEE…

BELÉPŐ DÍJ	cover charge
ÁLLANDÓ ÁR	fixed price
NAPI MENÜ	menu (of the day)
FELSZOLGÁLÁST (NEM)TARTALMAZZA	service (not) included
SPECIALITÁS	specials

63

How to Complain

When will our food be ready?	**Mikor lesz kész az ételünk?** *Meekawr læs kays oz aytælewnk?*
We can't wait any longer.	**Nem várhatunk tovább.** *Næm vaarhotoonk tawvab.*
We're leaving.	**Távozunk.** *Taavawzoonk.*
I didn't order this.	**Nem ezt rendeltem.** *Næm æzt rændæltæm.*
I ordered…	**… rendeltem.** *…rændæltæm.*
I can't eat this.	**Nem tudom megenni.** *Næm toodawm mægænnee.*
This is too…	**Ez túl…** *Æz tool…*
cold/hot	**hideg/meleg** *heedæg/mælæg*
salty/spicy	**sós/csípős** *shawsh/cheepüsh*
tough/bland	**rágós/ízetlen** *raagawsh/eezætlæn*
This isn't clean/fresh.	**Ez nem tiszta/friss.** *æz næm teesto/freesh*

Although breakfast is usually a substantial meal, lunch is considered the main meal of the day. Remember, before starting a meal people you should say **Jó étvágyat!** - the equivalent of bon appétit, and after the meal, before you leave the table it is polite to say **Egészségünkre!** (To our health!).

Apart from the three main meals, many people enjoy a midmorning snack at about 10 a.m. (**tízórai**), as well as a little something around 4 p.m. (**uzsonna**). **Tejbár/Tejivó** or Milkbars, are the perfect place to partake in one of these. In addition to milk and milk-based drinks, sandwiches, cakes and other snacks are available at reasonable prices.

Paying

The check [bill], please.	**Kérem a számlát.** *Kayræm o saamlaat.*
Separate checks [bills], please.	**Külön számlát kérek. Kew***lurn saamlaat kayræk.*
It's all together.	**Mindent együtt.** *Meendænt edy ewt.*
Is service included?	**Az ár tartalmazza a felszolgálást?** *Oz aar tortolmoz-zo o falsawlgaalasht*
What's this amount for?	**Mit takar ez az összeg?** *Meet tokor æz oz ursæg?*
I didn't have that.	**Ezt nem rendeltem.** *Æzt næm rændæltæm.*
I had…	**…rendeltem.** *…rændæltæm.*
Can I have a receipt/ an itemized bill?	**Kérhetek részletes számlát?** *Kayrhætæk rayslætæsh saamlaat?*
That was delicious!	**Ez finom volt!** *Æz feenawm vawlt!*
I've already paid.	**Én már fizettem.** *Ayn maar feezæt-tæm.*

Meals & Cooking

Breakfast

főtt tojást *fürt tawyaasht*	boiled egg
lágy/kemény *laad^y/kæmayny*	soft/hard
müzlit *mewzleet*	cereal
tojást *tawyaasht*	eggs
tükörtojást *tewkurrtawyaasht*	fried eggs
rántottát *raantawt-taat*	scrambled eggs
gyümölcslevet *d^yewmurlchlævæt*	fruit juice
grapefruitlevet *graypfrootlævæt*	grapefruit
narancslevet *norronchlævæt*	orange
sonkát tojással *shawnkaat taw^yaash-shol*	ham and eggs
lekvárt *lækvaart*	jam
piritóst *peereetāwsht*	toast
joghurtot *yawghoortawt*	yoghurt
Kaphatnék …? *kophotnayk*	May I have some …?
kenyeret *kæn^yæræt*	bread
vajat *voyot*	butter
kakaót *kokkoāwt*	(hot) chocolate
kávét *kaavayt*	coffee
tejszínhabbal *tæysēēnhobbol*	with whipped cream
tejjel *tæ^y-yæl*	with milk
mézet *mayzæt*	honey
tejet *tæyæt*	milk
hidegen/melegen *heedægen/mælægen*	cold/hot
borsot *bawrshawt*	pepper
zsemlét *zhæmlayt*	rolls
sót *shāwt*	salt
teat *tæaat*	tea
tejjel *tæ^yyæl*	with milk

citrommal *tsee*trawm-mol	with lemon
(forró)vizet *(fawr*-raw) **vee**zæt	(hot)water

Bread & Pastries

kaiács *ko*llaach	fluffy white milk-bread, available also as rolls called **puffancs** *(pooffonch)*
lekváros bukta *læk*vaarawsh **book**to	sweet roll filled with jam
lekváros táska *læk*vaarawsh **taash**ko	pastry filled with jam
mákos kalács *maa*kawsh **ko**llaach	poppy-seed cake
óriáskifli *āw*reeaash**kee**flee	large, flaky, crescent-shaped roll
sajtos pogácsa *shoy*tawsh **paw**gaacho	scone with cheese
tepertős pogácsa *tæ*pærtūrsh **paw**gaacho	crispy scone, seasoned with salt and pepper, topped with crackling
túrós táska/ökörszem *tōo*rāwsh **taash**ko/ **ur**kurrsæm	pastry filled with cottage cheese and raisins

Appetizers

bécsi heringsaláta *baychee haereeng- shollaato* herring salad, Vienna-style

francia saláta *frontseeo shollaato*   Russian salad

kaszinó tojás *kosseenāw tawᵛaash*   egg mayonnaise

kaviár *kovveeaar*   caviar

daragaluska *do*rroggollooshko   semolina dumplings

galuska *go*llooshko   dumplings

hasábburgonya *ho*shaab**boor**gawnᵛo chips (french fries)

hortobágyi húsos palacsinta   stuffed pancakes Hortobágy
*haw*rtawbaadᵛee hōōshawsh **po**llocheento style: filled with veal or
                                      pork and sour cream

libamáj pástétom   goose-liver paté mixed with
*lee*bommaay **paash**taytawm   béchamel, spices and brandy,
                                    served in a flaky pastry shell

magyaros ízelítő   a mix of salami, sausages,
*mod*ᵛorawsh **ee**zæleetūr   goose liver, eggs, green pepper

májgombóc *maay*gawmbāwts liver dumplings

nokedli *naw*kædlee   noodles

tormás sonkatekercs   slices of ham filled with
*taw*rmaash **shawn**-kotækærch horseraddish, ewe's cheese
                                    butter, mustard, paprika.

rántott sajt *raantawt shoyt* — fried cheese

tarhonya *torhawnyo* — egg barley

tormás sonkatekercs — slices of ham filled with
*tawrmaash **shawn**-kotækærch* — horseraddish

zsemlegombóc *zhæmlægawmbawts* — white-bread dumplings

Soup

bajai halászlé *boyoee hollaaslay* — fish and potato soup

burgonyakrémleves *boorgawn^yokraymlævæsh* — cream of potato soup

csontleves *chawntlævæsh* — bone consommé

erőleves húsgom bóccal — consommé with
ærūrlævæsh hōōshgawm-bāwtstsol — meatballs

gombaleves *gawmbollævæsh* — mushroom soup

kalocsai halászlé *kollawcho-ee hollaaslay* — fish soup in red wine

paradicsomleves *porroddeechawmlævæsh* — tomato soup

savanyú tojásleves — sour egg soup
shovvonyoo tawyaash lævæsh

spárgakrém leves *shpaargokraym lævæsh* — cream of asparagus soup

tejfeles bableves *tæ^yfælæsh boblævæsh* — bean soup with sour cream

vegyes gyümölcs- leves hidegen — chilled fruit soup
væd^yæsh d^yewmurlchlæ- væsh heedægæn

The word **gulyás** (*gōōyaash*) means herdsman, and this dish
used to be the shepherds' basic meal in olden days. Goulash is a
very simple dish of beef, onion, potatoes and paprika. Although there
are many variations, the variety you are most likely to find in restaurants
is a rich soup made from the traditional ingredients with mild paprika,
caraway seeds, garlic, vegetables and tiny dumplings (**csipetke**).

Soup specialities

bakonyi betyárleves
*bokkawn^yee **bæ**tyaarlævæsh*

"outlaw soup"— soup Bakony-style: chicken, beef chunks, thin noodles, mushrooms and vegetables, richly spiced

Jókai bableves *yāwko-ee **bob**lævæsh*

bean soup Jókai-style (Jókai was a famous Hungarian writer): a mix of smoked pig's knuckles, butter beans and carrots, seasoned with pepper, garlic, paprika and parsley

kunsági pandúrleves
*koonshaaghee **pon**dōōrlævæsh*

chicken or pigeon soup Kunság style: seasoned with paprika, grated nutmeg, ginger and garlic

magyaros burgonyaleves
*mod^yorrawsh **boorg**awn^yollævæsh*

Hungarian potato soup

magyaros csirke- apróvlékleves
*mod^yorrawsh **cheer**- kæoprāwlayklævæsh*

Hungarian chicken giblet soup with mushrooms, diced potatoes, pepper rings and tomatoes

palócleves *pollāwtslævæsh*

a mix of mutton, French beans, potatoes and sour cream, seasoned with paprika, garlic and caraway seeds

szegedi halászlé *sægædee **ho**llaaslay*

a mix of fish (usually carp, pike and catfish), tomato and pepper rings, seasoned with hot paprika

Ujházy-tyúkleves *ooyhaazee t^yōōklævæsh*

a rich chicken and veg soup

Fish & Seafood

csuka *chooko*	pike
fogas *fawgosh*	a local fish of the pike-perch family
harcsa *horcho*	catfish
kecsege *kæchægæ*	sterlet (small species of sturgeon)
nyelvhal *nʸælvhol*	sole
pisztráng *peestraang*	trout
ponty *pawntʸ*	carp
tőkehal *tūrkæhol*	cod
tonhal *tawnhol*	tunny (tuna)
csuka tejfölben sütve *chooko tæʸfurlbæn shewtvæ*	fried pike served with sour cream
fogas fehérbor mártásban *fawgosh fæhayr bawrmaartaashbon*	**fogas** in a white wine sauce
fogasszeletek Gundel módra *fawgoshsælætæk goondæl māwdro*	slices of **fogas** Gundel-style (Gundel was a famous Hungarian restaurateur): breaded fillet of pike

halfatányéros *hol*fottaan^yayrawsh

assorted fish, some breaded
or fried with tartar sauce

harcsaszelet fűszermártásban
*hor*chossælæt *f̄ēw*sæmaartaashbon
fillet of wels in a spicy sauce
doused with white wine

kecsege tejszínes paprikás mártásban
*kæ*chægæ **tæ^y**s̄ēēnæsh *po*preekaash
maartaashbon
sterlet in a cream and paprika
sauce

paprikás ponty *po*preekaash pawnt^y
carp in a paprika sauce

pisztráng tejszín mártásban
*pees*traang **tæ^y**ss̄ēēn **maar**taashbon
trout baked in cream

Rác ponty *raats* pawnt^y
carp with potatoes and sour
cream dressing

békacomb gombával és rákkal
*bay*kotsawmb **gawm** baavol aysh **raak**-kol
frog's legs with freshwater
crab-meat and mush rooms

békacomb paprikásán
*bay*kotsawmb **po**pree- kaashon
frog's legs in a paprika sauce

rákpörkölt *raak*purrkurlt
broiled crab

Meat & Poultry

szalonna *sollawn-no*	bacon
Marhahúst *morhohōōsht*	beef
csirke *cheerkas*	chicken
borda *bawrdo*	chop
filé *feelay*	fillet
sonka *shawnko*	ham
Bárányhúst *baaraanʸhōōsht*	lamb
máj *maaʸ*	liver
faatsaan *pheasant*	fácán
Sertéshúst *shærtaysh-hōōsht*	pork
kolbászfélék *kawlbaasfaylayk*	sausages
nyelv *nʸælv*	tongue
Borjúhúst *bawryōōhōōsht*	veal
kacsa *kocho*	duck
liba *leebo*	goose
nyúl *nʸōōl*	rabbit
őz *ūrz*	venison
pulyka *pooʸko*	turkey

YOU MAY HEAR...

Segíthetek? *Shægeethætæk?*	Can I help you?
Mit kér? *Meet kayr?*	What would you like?
Még valamit? *Mayg volomeet?*	Anything else?
Ez… forint. *Æz … fawreent.*	That's…forint.

Vegetables & Staples

bab *bob*	beans
burgonya *boorgawnᵞo*	potatoes
burgonyapüré *boorgawnᵞoppewray*	mashed potatoes
cékla *tsayklo*	beet(root)
fehérrépa *fæhayr-raypo*	turnips
főtt burgonya *fūrt boorgawnyo*	boiled potatoes
gomba *gawmbo*	mushrooms
hagyma *hodᵞmo*	onions
káposzta *kaapawsto*	cabbage
karfiol *korfeeawl*	cauliflower
kelbimbó *kælbeembāw*	Brussels sprouts
kelkáposzta *kælkaapawsto*	savoy cabbage
kukorica *kookawreetso*	sweetcorn
lebbencs *læbbænch*	broken pasta
lencse *lænchæ*	lentils
paprika *popreeko*	pepper
paradicsom *porroddeechawm*	tomatoes
rizs *Reezh*	rice
rizibizi *reezeebeezee*	rice mixed with green peas
saláta *sholaato*	lettuce
sárgarépa *shaargorraypo*	carrots
spárga *shpaargo*	asparagus
spenót *shpænāwt*	spinach
tészta *Taysto*	pasta
uborka *oobawrko*	cucumber
vegyesfőzelék *vædᵞæshfūrzælayk*	mixed vegetables
zeller *zællær*	celery
zöldbab *zurldbob*	French beans
zöldborsó *zurldbawrshāw*	peas

Fruit

alma *olmo*	apple
áfonya *aafawnʸa*	blueberries
ananász *onnonnaas*	pineapple
banán *bonnaan*	banana
citrom *tseetrawm*	lemon
cseresznye *chæræsnʸæ*	cherries
datolya *dottawʸo*	dates
egres *ægræsh*	gooseberries
eper *æpær*	strawberries
fekete ribizli *fækætæ reebeezlee*	blackcurrants

Measurements in Europe are metric, and that applies to the weight of food too. If you tend to think in pounds and ounces, it's worth brushing up on what the metric equivalent is before you go shopping for fruit and veg in markets and supermarkets. Five hundred grams, or half a kilo, is a common quantity to order, and that converts to just over a pound (17.65 ounces, to be precise).

füge *few*gæ	Figs
görögdinnye *gurrurgdeen'ʸæ*	watermelon
körte *kurr*tæ	Pear
málna *maal*no	raspberries
mandarin *mon*doreen	tangerine
meggy *mæd'ʸ*	sour cherries
mogyoró *mawd'ʸawrāw*	hazelnuts
narancs *no*rronch	orange
őszibarack *ūr*seeborrotsk	peach
ribizli *ree*beezlee	redcurrants
ringló *reen*glāw	greengage
sárgabarack *shaar*gobborrotsk	apricot
sárgadinnye *shaar*goddeen'ʸæ	honeydew melon
szeder *sæ*dær	mulberries/blackberries
szilva *seel*vo	plum
szőlő *sūr*lūr	grapes

Dessert

almás palacsinta *ol*maash **pol**locheento	apple pancake
aranygaluska *orr*on'ʸgollooshko	sweet dumpling
csokoládéfánk csúsztatott *chaw*kawlaadayfaank	chocolate doughnut
palacsinta *chōō*stottawt pollocheento	multi-layer pancake
dobostorta *daw*bawshtawrto	caramel-topped chocolate cream cake
Fagylaltjuk *fod'ʸlolt'ʸook*	icecream
gesztenyepüré tejszínhabbal *Gæstæn'ʸæpewray tæ'ʸssēēnhob-bol*	chestnut puree with whipped cream
Gundel palacsinta *goon*dæl **pol**locheento	pancake with nut cream and raisin filling, flambéd

YOU MAY SEE...

...-IG FOGYASZTHATÓ	best if used by...
KALÓRIA	calories
ZSÍRMENTES	fat free
HIDEG	keep refrigerated
NYOMOKBAN ... TARTALMAZHAT	may contain traces of...
MIKROHULLÁM-SÜTŐBEN MELEGÍTHETŐ	microwaveable
... ÁLTAL ÉRTÉKESÍTETT	sell by...
VEGETÁRIÁN-USOKNAK MEGFELELŐ	suitable for vegetarians

kapros túrós rétes
koprawsh toorawsh raytæsh

curds strudel with dill

kapucineres felfújt
koppootseenæræsh fælfoo't

mocha soufflé

kecskeméti barack puding
kæchkæmaytee borrotsk-"puding"

apricot pudding with
vanilla cream

képviselőfánk *kaypveeshælūrfaank*

cream puff

máglyarakás *maagᵞorrokkaash*

apple and jam pudding

mákos rétes *maakawsh raytæsh*

poppy seed strudel

mandula felfújt *mondoolo fælfoo't*

almond soufflé

rakott palacsinta *rokkawt pollocheento*

multi-layer pancakes with
various fillings

somlói galuska *shawmlāwee gollooshko*

sweet dumplings made with
vanilla, nuts and chocolate,
in an orange-and-rum sauce

sült derelye *shewlt dæræᵞæ*

fried jam turnover

szilvás rétes *seelvaash raytæsh*

plum strudel

töltött alma *turlturt olmo*

apple stuffed with vanilla,
raisins and cream

Sauces & Condiments

sót *shāwt*	salt
borsot *bawrshawt*	pepper
mustár *moosh*taar	mustard
ketchup *kæchop*	ketchup

At the Market

Where are the trolleys/baskets?	**Hol vannak a kosarak/kocsik?** *Hawl vonnok o kawshorok/kawcheek?*
Where is...?	**Hol van a ...?** *hawl von o*
I'd like some of that/this.	**Ebből kérnék egy párat.** *Æbburl kayrnayk edʸ paarot.*
Can I taste it?	**Megkóstolhatnám?** *Mægkawshtawlhotnaam?*
I'd like...	**Szeretnék...** *Særætnayk...*
a kilo/half kilo of...	**egy kiló/fél kiló ...** *edʸ keelaw/fayl keelaw*
a liter of...	**liter...** *leetær...*
a piece of...	**darab...** *dorob...*
a slice of...	**szelet...** *sælæt...*
More./Less.	**Több/Kevesebb...** *Turb/Kævæshæb...*
How much?	**Mennyibe kerül?** *Mæny eebæ kærewl?*
Where do I pay?	**Hol kell fizetni?** *Hawl kæl feezætnee?*
A bag, please.	**Szatyrot kérek.** *Soty rawt kayræk.*
I'm being helped.	**Már kiszolgálnak.** *Maar keesawlgaalnæk.*

For Conversion Tables, see page 157.

In the Kitchen

bottle opener	**sörnyitó**	*shurrnyeetāw*
bowl	**edény**	*ædayny*
can opener	**konzervnyitó**	*kawnzærvnyeetaw*
corkscrew	**dugóhúzó**	*doogāwhōōzāw*
cup	**csészék**	*chaysayk*
fork	**villák**	*veel-laak*
frying pan	**serpenyő**	*shærpænyūr*
glass	**poharat**	*pawhorrot*
(steak) knife	**(steak)kések**	*kashæk*
measuring cup/spoon	**mérőpohár/kanál**	*mayrurpawhaar/konaal*
paper napkin	**papírszalvétát**	*poppēērsolvaytaat*
plate	**tányérok**	*taanʸayrawk*
pot	**fazék**	*fozayk*
spatula	**spatula**	*shpotoolo*
spoon	**kanalak**	*konolok*

Drinks

ESSENTIAL

The wine list/drink menu, please.	**Kérem a bor-/itallapot.** *Kayream o bawr/eetol lopot.*
What do you recommend?	**Mit ajánl?** *Meet oyaanl?*
I'd like a bottle/ glass of red/white wine.	**Kérek egy üveg vizet/vörös bort/fehér bort.** *Kayræk ed[y] ewvæg veezæt/vur-rursh bawrt/ fæhayr bawrt.*
The house wine, please.	**Házi bort kérek.** *Haazee bawrt kayræk.*
Another bottle/ glass, please.	**Kérek még egy üveg/pohár bort.** *Kayræk mayg ed[y] ewvæg/pawhaar bawrt.*
I'd like a local beer.	**Helyi sört szeretnék megkóstolni.** *Hæyee shurt særætnayk mæg-kawshtawlnee.*
Can I buy you a drink?	**Meghívhatom Önt egy italra?** *Mæheevhotom urnt eg[y] eetolro?*
Cheers!	**Egészségére!** *Egays-shaygayræ?*
A coffee/tea, please.	**Kávét/teát kérek.** *Kaavayt/tæ-aat kayræk.*
Black.	**Feketét.** *Faykaytayt.*
With...	**-al/-el** *-ol/-æl*
milk	**tejjel** *tæyyæl.*
sugar	**cukorral** *tsookawrrol.*
artificial sweetener	**édesítővel** *aydæsheeturvæl.*
A..., please.	**Kérek....** *Kayræk...*
juice	**gyümölcslét** *d[y]ewmurlchlayt*
soda [soft drink]	**üdítőitalt** *ewdeetur-eetolt*
(sparkling/still)	**szénsavas/szénsavmentes vizet.** *saynshovosh/saynshovmæntæsh veezæt.*
water	

YOU MAY HEAR...

Hozhatok Önnek valamilyen italt?   Can I get you a drink?
Hawz-hotawk urn-næk volomeeyæn eetolt?
Tejjel vagy cukorral? *Tæy-yæl vody*   With milk or sugar?
tsookawr-rol?
Szénsavasat vagy szénsavmentest?   Sparkling or still water?
Saynshovoshot vody saynshovmæntæshæt?

Non-alcoholic Drinks

kávét *kaavayt*	coffee
kakaót *kokkoāwt*	hot chocolate
Limonádét *leemawnaadayt*	lemonade
szénsavas/szénsavmentes víz	(sparkling/still) water
saynshovosh/saynshovmæntæsh veez	
gyümölcslé *d'ewmurlchlayt*	juice
tejet *tæyæt*	milk
üdítőitalt *ewdeetur-eetolt*	soda [soft drink]
szódavíz *sāwdoveez*	soda water
(jeges) teát *(yægæsh)* **tæ**aat	(iced) tea

Aperitifs, Cocktails & Liqueurs

Brandy	**konyak** *kawnʸok*
cognac	**egy konyakot** *ædʸ kawnʸokkawt*
gin	**egy gint** *ædʸ dzheent*
rum	**egy rumot** *ædʸ roomawt*
scotch	**skót whisky** *shkawt veeskee*
tequila	**tequila** *tækeelo*
vodka	**egy vodkát** *ædʸ vawdkaat*
whisky	**egy whiskeyt** *ædʸ veeskeet*

Beer

beer	**sör** *shur*
bottled/draft	**üveges/csapolt** *ewvægæsh/chopawlt*

A potent concoction you are unlikely to want to order but may be offered is a **Puszta** cocktail — a mixture of apricot brandy, liqueur and Tokay wine, chilled and served with a slice of lemon – treat it with respect! To round off your meal, try **Unicum,** a bitter liqueur made from a secret herbal recipe.

dark/light	**barna/világos** *borno/vee*laagosh
lager/pilsener	**láger/pilseni** *laagær/peel*zænee
local/imported	**helyi/import** *hæyee/eemport*
non-alcoholic	**alkoholmentes** *olkawhawlmæntæsh*

Wine

wine	**bor** *bawr*
red/white	**vörös/fehér** *vurrursh/fæhayr*
house/table	**házi/asztali** *haazee/ostolee*
dry/sweet	**száraz/édes** *saaroz/aydæsh*
sparkling	**habzó** *hobzaw*
champagne	**pezsgőt** *pæzhgūrt*
dessert wine	**desszert bor** *dæssært bawr*

Söröző/sörbár (*shurrurzūr/shurrbaar*) are beer halls with moderate prices. Some imported beers are available.

Borozó (*bawrawzāw*) - a wine bar, offering a variety of wines and some snacks. Prices vary widely.

Borpince (*bawrpeentsæ*) - wine cellar, usually run by a wine-producing cooperative or farm. Exceptionally high-quality wines and light food are available at moderate prices.

Drinkbár (*drinkbár*) - a bar, frequented mostly by tourists, serving mainly spirits (liquor). Prices are high.

Eszpresszó (*æspræss-sāw*) - a small coffee bar offering mainly espresso coffee but also some other non-alcoholic and alcoholic beverages at moderate prices. Light refreshments and ice-cream are also available.

On the Menu

Here are some places you may want to eat:

Kávéház/Presszó *kaavayhaaz/præssaw* are cafés. Most serve cakes, sandwiches and drinks.

Kifőzés *keefūrzaysh* are small, low-priced inns open mainly during the tourist season. First-class country food as well as local wine and beer are served. In the Lake Balaton area some of these establishments are famous for their gourmet creations.

Önkiszolgáló *urnkeessawlgaalaw* are self-service snackbar-type establishments. Mostly located in town centres and near railway stations, they are inexpensive but not always too clean.

Snackbár *snackbar* are superior **önkiszolgáló** offering sandwiches, cakes and all kinds of drinks including coffee and tea at slightly higher prices.

Vendéglő *vændayglūr* are a larger restaurant, usually with a rustic décor, serving moderately priced meals and all kinds of drinks. Good gypsy music is often played at night.

alföldi marharos télyos *olfurldee morhorrawsh- tayyawsh*	steak Alföldi-style: with a rich sauce and stewed vegetables
almamártás *olmommaartaash*	apple sauce
bakonyi *bokkawnʸee*	mushroom sauce
banán *bonaan*	banana
bécsi szelet *baychee sælæt*	breaded veal escalope
borjúpörkölt *bawryōōpurrkurlt*	a veal stew with onions, tomatoes, peppers, seasoned with paprika and garlic

cigányrostélyos *tseegaanʸ-rawshtayyawsh*   steak gypsy-style: with a brown sauce and braised vegetables

citrom *tseetrawm*   lemon

csabai szarvascomb   venison stuffed with spicy
chobbooee sorvoshtsawmb   csabai sausage served in a paprika sauce

comb *tsawmb*   leg

csikós tokány *cheekāwsh tawkaanʸ*   braised beef chunks with bacon strips, onion, sour cream and tomato

csokoládé *chawkawlaaday*   chocolate

debreceni fatányéros   a Debrecen speciality,
dæbrætsænee fottaanʸayrawsh   prepared only for parties of three or more, usually containing pork chops and choice fillets as well as some veal; garnished with lettuce

dió *deeāw*   walnut

gombamártás ecetes torma   horseradish sauce
gawmbommaartaash tawrmo ætsætæsh

eper *æpær* — strawberry

erdélyi rakott káposzta — a Transylvanian dish with
ærday^yee **rok***kawtkaapawsto* — layers of cabbage, rice and
minced, spiced pork, covered
with sour cream

erdélyi tokány (*ærday^yee* **taw***kaan^y*) — a dish originating in
Transylvania: virtually the
same as **csikós tokány**, but
without the sour cream

fácán gesztenyével töltött gombával — pheasant with a mushroom
*faat***saan** *gætæn^y- ayvæl* **turl***turt* **gawm***baavol* — and chestnut filling

fasirozott *fosheerawzawt* — meatballs

fehérhagyma mártás — onion sauce
fæha^yrhodymo **maar***taash*

fogoly *fawgaw^y* — partridge

fokhagymás mártás — garlic sauce
fawkhod^ymaash **maar***tash*

galamb *gollomb* — pigeon

gesztenye *gæstænyæ* — chestnuts

hortobágyi rostélyos — steak **Hortobágy**-style:
hawrtawbaad^yee **rawsh***tay^yawsh* — braised in stock and bacon
bits with semolina dumpling

lapocka *loppawtsko* — shoulder

lecsós borjúmáj rántva — breaded veal liver, garnished
læchāwsh bawryōō-maay raantvo with pepper slices, tomatoes, and rice, with paprika and garlic

likőrt *leekūrrt* — liqueur

kapormártás *koppawrmaartaash* — dill sauce

kappan *koppon* — capon

mandula *mondoolo* — almonds

meggymártás *mædᵛmaartaash* — morello sauce

tárkonyos mártás *taarkawnᵛawsh maartaash* — tarragon sauce

paprikás csirke galuskával — paprika chicken with gnocchi
popreekaash cheerkæ gollooshkaavol

paprikás mártás *popreekaash maartaash* — paprika sauce

nyúlszeletek pirított szárnyasmájjal — rabbit with roasted chicken
nᵛōōlsælætæk peerēētawt saarnᵛoshrnaaᵛ-yol liver

pulykacomb tejfeles gombamártással — turkey cutlet in a mushroom
pooᵛkotsawmb tæᵛfeelæsh gawm sauce
bommaartaash-shol

rablóhús nyárson *roblāwhōōsh nᵛaarshawn* — alternating pieces of pork, onions, mushrooms. Bacon and veal roasted and served on a skewer

tejfölös-gombás sertésborda — pork chop with mushrooms
tæᵛfurlursh gawm-baash shærtayshbawrdo and sour cream

töltött malac újfalusi módra — stuffed suckling-pig **Újfalu**-
turlturt mollots ōōyfollooshee mawdro style with spiced minced meat, liver, egg and bread

vadasmártás *voddoshmaartaash* — brown sauce

vaddisznó boróka- mártással — wild boar served in a juniper
vod-deesnāw bawrāwkommaartaash-shol sauce

People

Conversation

ESSENTIAL

Hello!/Hi!	**Szia!/Sziasztok!** *seeo/seeostawk*
How are you?	**Hogy van?** *hawdʸ von*
Fine, thanks.	**Köszönöm jól.** *kursurnurm yāwl*
Excuse me!	**Elnézést!** *ælnayzaysht*
Do you speak English?	**Beszél angolul?** *bæsayl ongawlool*
What's your name?	**Hogy hívják?** *hawdʸ heēvyaak*
My name is...	**... vagyok.** *... vodʸawk*
Nice to meet you.	**Örülök, hogy megismerhetem.** *urrewlurk hawdʸ mægeeshmærhætæm*
Where are you from?	**Honnan jött?** *hawn-non jurt*
I'm from the U.K./U.S.	**Nagy Britanniából/Egyesült Államokból jöttem.** *Nodʸ Breetonneeaabawl/Ædyæshewlt Aalomawkbawl yurttem*
What do you do for a living?	**Mivel foglalkozik?** *Meevel fawglolkawzeek?*
I work for...	**...dolgozom** *...dawlgawzawm*
I'm a student.	**Diák vagyok.** *deeaak vodʸawk*
I'm retired.	**Nyugdíjas vagyok.** *Nʸoogdeeyosh vodʸawk*
Do you like...?	**Szereti a...?** *Særætee aw...?*
Goodbye.	**Viszontlátásra!** *veesawntlaataashro*
See you later.	**Viszlát!** *veeslaat*

The Hungarian language is part of the Finno-Ugric languages and is known to be notoriously difficult. Just keep trying though, even a few words will often ensure better service and it is always appreciated.

Language Difficulties

Do you speak English?	**Beszél angolul?**	*bæsayl ongawlool*
Does anyone here speak English?	**Van itt valaki aki beszél angolul?**	*von eet vollokkee okkee bæsayl ongawlool*
I don't speak (much) Hungarian.	**Nem tudok (jól) magyarul.**	*næm toodawk (yawl) mod^yorrool*
Can you speak more slowly?	**Elmondaná lassabban?**	*ælmawndonnaa losh-shob-bon*
Can you repeat that?	**Megismételné?**	*mægheeshmaytælnay*
Excuse me?	**Elnézést!**	*ælnayzaysht*
Can you spell it?	**Elbetűzné?**	*ælbætewznay*
Please write it down.	**Leírná, kérem.**	*læeernaa kayræm*
Can you translate this into English for me?	**Lefordítaná ezt angolra?**	*Læfawrdeetonaa æzt ongawlro?*
What does this/ that mean?	**Ez/Az mit jelent?**	*æz/oz meet yælænt*
I (don't) understand.	**(Nem) értem.**	*(næm) ayrtæm*
Do you understand?	**Érti?**	*ayrtee*

Making Friends

Hello!	**Szia!** *seeo*
Good afternoon.	**Jó napot!** *y͞aw noppawt*
Good evening.	**Jó estét!** *y͞aw æshtayt*
My name is...	**... vagyok.** *... vodʲawk*
What's your name?	**Hogy hívják?** *hawdʲ h͞eevyaak*
I'd like to introduce you to...	**Szeretném bemutatni** *... særætnaym bæmoototnee*
Pleased to meet you.	**Örülök, hogy megismerhetem.** *urrewlurk hawdʲ mæggeeshmærhætæm*
How are you?	**Hogy van?** *hawdʲ von*
Fine, thanks. And you?	**Köszönöm jól. És ön?** *kursurnurm y͞awl. aysh urn*

Travel Talk

I'm here...	**Itt... vagyok.** *Eet ... vodʲawk.*
on business	**üzletileg** *ewzlæteelæg*
on vacation [holiday]	**szabadságon [vakáció].** *sobodshaagawn [vokaatseeaw]*
studying	**egyetemistaként** *ædʲætæmishtakaynt*
I'm staying for...	**...-ig maradok itt** *...-eeg morodawk eet*
I've been here...	**...-tól vagyok itt** *...-tawl vodʲawk eet*
a day	**nap** *nop*
a week	**hét** *hayt*
a month	**hónap** *hawnop*

YOU MAY HEAR...

Csak kicsit tudok angolul.
Chok keecheet toodawk ongawlool.

I only speak a little English.

Nem beszélek angolul.
Næm bæsaylæk ongawlool.

I don't speak English.

Where are you from?	**Honnan jött?**	*hawn-non jurt*
I'm from…	**…-ból/-ből jöttem.**	*…-bāwl/-bul yurtæm*

For Numbers, see page 152.

Personal

Who are you with?	**Kivel jött?**	*Keevæl yurt?*
I'm here alone.	**Egyedül vagyok.**	*Aedʸædewl vodʸawk.*
I'm with…	**… vagyok.**	*… vodʸawk*
my husband/wife	**a férjemmel/a feleségemmel**	*o fayrʸæm-mæl/ o fælæshaygæm-mæl*
my boyfriend/ girlfriend	**a barátommal/barátnőmmel**	*o borraatawm-mol//borraatnūrm-mæl*
a friend	**barátommal**	*boraatawmmol*
friends	**barátaimmal**	*boraataweemmol*
a colleague	**ismerősömmel**	*eeshmærüshurmmæl*
colleagues	**ismerőseimmel**	*eeshmærüshæeemmæl*
When's your birthday?	**Mikor van a születésnapja?**	*Meekawr von o sewlætayshnopyo?*
How old are you?	**Hány éves?**	*haanʸ ayvæsh*
I'm… years old.	**…éves vagyok**	*…ayvæsh vodʸawk*

Are you married?	**Házas?** *haazosh*
I'm...	**...vagyok** *...vod^yawk*
single/	**szingli vagyok/kapcsolatban vagyok**
in a relationship	*seenglee **vod^yawk**/kopchawlotbon **vod^yawk***
engaged	**el vagyok jegyezve** *ælvod^yawk yæd^yæzvæ*
married	**nős vagyok/férjnél vagyok**
	nüsh vod^yawk/fayrnayl vod^yawk
divorced	**elvált vagyok** *ælvaalt vod^yawk*
separated	**külön élek** *kewlurn aylæk*
widowed	**özvegy vagyok** *urzvæd^y vod^yawk*
Do you have children/	**Vannak gyermekei/unokái?** *Vonnok d^yærmækæ-ee/*
grandchildren?	*oonawkaa-ee?*

For Numbers, see page 152.

Work & School

What do you do for a living?	**Mivel foglalkozik?** *Meevael fawglolkawzeek?*
What are you studying?	**Mit tanul?** *Meet tonool?*
I'm studying French.	**Francia nyelvet tanulok.** *Frontseeo n^yælvæt tonoolawk.*
I...	**Én...** *Ayn...*
work full-/	**teljes műszakban/fél műszakban dolgozom**
part-time	*tælyæsh mewsokbon/fayl mewsokbon dawlgawzawm*
am unemployed	**munkanélküli vagyok** *moonkonaylkewlee vod^yawk*
work at home	**otthon dolgozom** *awthawn dawlgawzawm*
Who do you work for?	**Kinek dolgozik?** *keenæk dawlgawzeek?*
I work for...	**... -nak dolgozom** *... -nok dawlgawzawm*
Here's my business card.	**A névjegykártyám.** *O nayvyæd^y kaat^y aam.*

For Business Travel, see page 127.

Weather

What's the forecast?	**Mit mond az időjárásjelentés?** *meet mawnd oz* **ee**dūryaaraashyælæntaysh
What beautiful/ terrible weather!	**Milyen gyönyörű/szörnyű idő!** *Mee^yæn **d^y urn**^y ur-rew/surny ew eedü!*
It's...	**... van.** ...*von*
cool/warm	**meleg/hideg** *mælæg/**hee**dæg*
cold/hot	**hideg/meleg** *heedæg/**mæ**læg*
rainy/sunny	**esős/napos** *æsh**ū**sh/nopawsh*
snowy/icy	**havas/jeges** *hovosh/yægæsh*
Do I need a jacket/ an umbrella?	**Szükségem van kabátra/esernyőre?** *Sewksaygæm von kobaatro/æshærny ūre?*

For Temperature, see page 158.

Romance

ESSENTIAL

Would you like go out for a drink/dinner?	**El szeretnél menni italozni vagy vacsorázni?** *æl særætnayl mænnee eetolawznee vod*[y] *vochawraaznee?*
What are your plans for tonight/tomorrow?	**Milyen terveid vannak estére/holnapra?** *meeyæn tærvæ-eed **von**nok æshtayræ/hawlnopro?*
Can I have your (phone) number?	**Megadod a telefonszámodat?** *mægheevhotlok o tælæfawnsaamawdot?*
Can I join you?	**Csatlakozhatok?** *Chotlokawz-hotawk?*
Can I buy you a drink?	**Meghívhatlak egy italra?** *Mægheevhotlok æd*[y] *eetolro?*
I love you.	**Szeretlek.** *Særætlæk.*

The Dating Game

Would you like to go out...?	**EL szeretnél jönni...?** *æl særætnayl yurnnee...?*
for coffee	**kávézni** *kaavayznee*
for a drink	**egy italra** *æd*[y] *eetolro*
to dinner	**vacsorázni** *vochawraaznee*
What are your plans for...?	**Milyen terveid vannak...** *meeyæn tærvæ-eed **von**nok...*
today	**ma** *mo*
tonight	**estére** *æshtayræ*
tomorrow	**holnap** *hawlnop*
this weekend	**erre a hétvége** *ærræ o haytvayghæ*
Where would you like to go?	**Hová szeretnél menni?** *Hawvaa særætnayl mænnee?*

I'd like to go to…	**… szeretnék menni.** … _særætnayk mænnee_
Do you like…?	**Szereted a …?** _Særætæd o…?_
Can I have your phone number/email?	**Megadod a telefonszámodat/e-mail címedet?** _mægodawd o tælæfawnsaamawdot/email-ædæt?_
Are you on Facebook/Twitter?	**Fenn vagy a Facebookon/Twitteren?** _fænn vodʸ o Facebook-awn/Twitteræn?_
Can I join you?	**Csatlakozhatok hozzád?** _Chotlokawz-hotawk hawzzaad?_
You're very attractive.	**Nagyon vonzó vagy.** _nodʸawn vawnzaw vody ._
Let's go somewhere quieter.	**Menjünk valami nyugodtabb helyre.** _mænyewnk volomee noogawtob hæyræ._

For Communications, see page 48.

Accepting & Rejecting

I'd love to.	**Szívesen, köszönöm.** _Seēvæshæn kursurnurm_
Where should we meet?	**Hol találkozzunk?** _hawl tollaalkawz- zoonk_
I'll meet you at bar/your hotel.	**Találkozzunk a bárban/szállodában.** _Tolaalkawzoonk o baarbon/saallawdaabon._
I'll come by at…	**Ott leszek …-kor.** _awt læsæk …-kawr._
I'm busy.	**Köszönöm nem, sok dolgom van.** _kursurnurm næm, shawk dawlgawm von_
I'm not interested.	**Köszönöm, nem érdekel.** _kursurnurm næm ayrdækæl_
Leave me alone.	**Kérem, hagyjon békén!** _kayræm hodʸawn baykayn_
Stop bothering me!	**Ne zavarj többé!** _næ zovory turbay!_

For Time, see page 154.

Getting Intimate

Can I hug/kiss you?	**Megölelhetlek/megcsókolhatlak?**
	Mægurlælhætlæk/mægchawkawlhotlok?
Yes.	**Igen.** *eegæn*
No.	**Nem.** *næm*
Stop!	**Stop!** *Shtawp!*
I love you.	**Szeretlek.** *Særætlæk.*

Sexual Preferences

Are you gay?	**Meleg vagy?** *mælæg vodʲ?*
I'm…	**… vagyok.** *…vodʲawk*
heterosexual	**heteroszexuális** *hætæraw-sæxooaaleesh*
homosexual	**homoszexuális** *hawmaw-sæxooaaleesh*
bisexual	**biszexuális** *bee-sæxooaaleesh*
Do you like men/ women?	**Szereted a nőket/férfiakat?** *særætæd o nükæt/ fayrfeeokot?*

Leisure Time

ESSENTIAL

Where's the tourist information office?	**Hol van az utazási iroda?** *hawl von oz ootozaashee eerawdo*
What are the main sights?	**Mik a legfontosabb látnivalók?** *meek o lægfawntawshob laatneevollawk*
Do you offer tours in English?	**Tudnak-e ajánlani kirándulásokat angol vezetéssel?** *Toodnok-æ ayaanlonee keeraandoolaashawkot ongawl væzætayshæl?*
Can I have a map/ guide?	**Kérhetnék térképet/útikönyvet?** *Kayrhætnayk tayrkaypæt/ooteekurnyvæt?*

Tourist Information

Do you have information on...?	**Van-e információjuk a...?** *Von-æ eenfawrmaatseeawyook o....?*
Can you recommend...?	**Tudnak ajánlani...?** *Tood*nok *ayaanlonee....?*
a bus tour	**buszos kirándulást** *boosawsh keeraandoolaasht*
an excursion to...	**kirándulást** *keeraandoolasht*
a tour of...	**...túrát** *...tooraat*

Sightseeing in Budapest should be easy as the majority of the sights are clustered in central areas. Some of the sights not-to-be-missed include the Liszt Museum, the Opera House, the Parliament building and Great Synagogue in the Jewish Quarter. For amazing views and a fairytale vibe, head up Castle Hill.

On Tour

I'd like to go on the excursion to…	**El szeretnék menni kirándulni …** *Æl særætnayk mænee keeraandoolnee…*
When's the next tour?	**Mikor kezdődik a városnézés?** *meekawr kæzdūrdeek o vaarawshnayzaysh*
Are there tours in English?	**Vannak angol nyelvű városnézések?** *Vonnok ongawl nyælvew vaarawshnayzayshæk?*
Is there an English guide book/ audio guide?	**Van-e angol nyelvű útikönyv/hangos-útikönyv?** *Von-æ ongawl nyælvew ooteekurnyv/hongawsh ooteekurnyv?*
What time do we leave/return?	**Hány órakor van az indulás/érkezés?** *Haany awrokawr von oz eendoolash/ayrkæzaysh?*
We'd like to see…	**Meg szeretnénk nézni a…** *mæg særætnaynk nayznee o…*
Can we stop here…?	**Meg lehet itt állni…?** *mæg læhæt eet aalnee….?*
to take photos	**fényképezni** *faynykaypæznee*
for souvenirs	**ajándékokat vásárolni** *oyaandaykawkot vaashaarawlnee*
for the toilets	**WC-re menni** *vay-tsayræ mænee?*
Is it disabled-accessible?	**Mozgáskorlátozottaknak is elérhető?** *Mawzgaash-kawrlaatawzawttoknok eesh ælayrhætur?*

For Tickets, see page 21.

Seeing the Sights

Where is/are…?	**Hol van/vannak…?** *hawl von/von-nok*
the botanical garden	**a botanikus kert** *o bawtonneekoosh kært*
the castle	**a vár** *o vaar*
the downtown area	**a belváros** *o bælvaarawsh*
the fountain	**a szökőkút** *o surkūrkoot*
the library	**a könyvtár** *o kurnyvtaar*
the market	**a piac** *o peeots*
the museum	**a múzeum** *o mōōzæoom*

the old town	**a régi városnegyed**	*o rayghee vaarawshnædyæd*
the opera house	**az opera**	*oz awpæro*
the palace	**a palota**	*o pollawto*
the park	**a park**	*o pork*
the ruins	**a romok**	*o rawmawk*
the shopping area	**a vásárló negyed**	*o vaashaarlaw nædyæd*
the town square	**város főtere**	*vaarawsh fūtæræ*
Can you show me on the map?	**Meg tudná mutatni a térképen?**	*mæg toodnaa mootootnee o tayrkaypæn?*
It's...	**Ez ...**	*æz*
amazing	**elbűvölő**	*ælbéwvurlūr*
beautiful	**gyönyörű**	*dyurnyurrew*
boring	**unalmas**	*oonolmosh*
interesting	**érdekes**	*ayrdækæsh*
magnificent	**pompás**	*pawmpaash*
romantic	**romantikus**	*rawmonteekoosh*
strange	**furcsa**	*foorcho*
terrible	**szörnyű**	*surn^yew*
ugly	**csúnya**	*chōōnvo*
I (don't) like it.	**(Nem) tetszik.**	*(Næm) tætseek.*

For Asking Directions, see page 26.

Religious Sites

Where is/are...?	**Hol van/vannak...?**	*hawl von/von-nok*
the cathedral	**a katedrális**	*o kottædraaleesh*
the Catholic/ Protestant church	**katolikus/református templom**	*kottawleekoosh/ ræfawrmaatosh templawm*
the mosque	**mecset**	*mæchæt*
the synagogue	**zsinagóga**	*zheenoggawgo*
What time is the service?	**Hány órakor kezdődik a szertartás?**	*haanv awrokawr kæzdūr-deek o særtortaash*

Shopping

ESSENTIAL

Where's the market/ mall?	**Hol van a piac/bevásárló központ?** *hawl von o peeots/bævaashaarlaw kurzpawnt bevásárló kōzpont*
I'm just looking.	**Csak nézelődök.** *chok nayzælūrdurk*
Can you help me?	**Segítene?** *shægheetænæ*
I'm being helped.	**Már kiszolgálnak** *Maar keesawlgaalnok*
How much is this?	**Mennyibe kerül ez?** *mænveebæ kærewl æz*
That one, please.	**Azt kérem.** *Ozt kayræm.*
That's all.	**Ez minden.** *asz meendæn*
Where can I pay?	**Hol lehet fizetni?** *Hawl læhæt feezætnee?*
I'll pay in cash/ by credit card.	**Készpénzzel/kártyával fizetek.** *Kayspaynzæl/ kaarty aavol feezætæk.*
A receipt, please.	**Blokkot kaphatnék?** *blawk-kawt kophotnayk*

At the Shops

Where's...?	**Hol a...?** *hawl o...*
the antiques store	**régiségkereskedés** *raygheeshaygkæræshkædaysh*
the bakery	**pékség** *paykshayg*
the bank	**bank** *bőnk*
the bookstore	**könyvesbolt** *kurnyvæshbawlt*
the clothing store	**ruházati bolt** *roohaazotee bawlt*
the delicatessen	**csemege bolt** *chæmægæ bawlt*
the department	**store áruház** *aaroohaaz*
the gift shop	**ajándékbolt** *ayaandaykbawlt*
the health food store	**biobolt** *beeawbawlt*
the jeweler	**ékszerbolt** *ayksærbawlt*

the liquor store [off-licence]	**italbolt**	*eetobawlt*
the market	**piac**	*peeots*
the pastry shop	**cukrászda**	*tsookraasdo*
the pharmacy	**gyógyszertár**	*dyāwdysærtaar*
the produce [grocery] store	**élelmiszerbolt**	*aylæmeesærbawlt*
the shoe store	**cipőbolt**	*tseepurbawlt*
the shopping mall	**bevásárló központ**	*bævaashaarlaw kurzpawnt*
the souvenir store	**souvenir bolt**	*soovæneer bawlt*
the supermarket	**szupermarket/ABC-áruház**	*aabaytsay-aaroohaaz*
the tobacconist	**dohánybolt**	*dawhaanybawlt*
the toy store	**játékbolt**	*yaataykbawlt*

Ask an Assistant

When do you open/close?	**Mikor nyitnak/zárnak?**	*Meekawr n^yeetnok/zaarnok?*
Where's...	**Hol van...?**	*hawl von ...?*
the cashier	**pénztáros**	*paynztaarosh*
the escalator	**mozgólépcső**	*mawzgawlaypchur*
the elevator [lift]	**lift**	*leeft*

the fitting room	**öltöző** *urlturzu*	
the store directory	**üzletkereső** *ewzlætkæræshü*	
Can you help me?	**Segítene?** *shægheetænæ*	
I'm just looking.	**Csak nézelődök.** *chok nayzælürdurk*	
I'm being helped.	**Már kiszolgálnak.** *Maar keesawlgaalnok.*	
Do you have…?	**Van-e…?** *Von-æ….?*	
Can you show me…?	**Megmutatná …?** *mægmoototnaa*	
Can you ship/wrap it?	**El tudja ezt küldeni/be tudja csomagolni?**	
	Æl toodyo æzt kewldænee/bæ toodyo chawmogawlnee?	
How much is it?	**Mennyibe kerül?** *mænveebæ kærewl*	
That's all.	**ez minden.** *Asz meendæn*	

For Clothing, see page 109.

Personal Preferences

I'd like something…	**Szeretnék valami…** *Særætnayk volomee….*	
cheap/expensive	**olcsót/drágát** *awlchawt/draagaat*	
larger/smaller	**nagyobb/kisebb** *nodyawb/keeshæb*	
from this region	**helyi dolgot** *hæyee dawlgawt*	
Around…forint.	**kb … forint értékben**	
	kaabay….fawreent ayrtaykbæn	
Is it real?	**Ez igazi?** *Æz eegozee?*	

YOU MAY SEE…

NYITVA/ZÁRVA	open/closed
EBÉDIDŐBEN ZÁRVA	closed for lunch
PRÓBAFÜLKE	fitting room
CSAK KÉSZPÉNZ	cash only
HITELKÁRTYA ELFOGADÁS	credit cards accepted
MUNKAIDŐ	business hours
KIJÁRAT	exit
KIÁRUSÍTÁS	sale

Can you show me this/that?	**Meg tudná ezt/azt mutatni?** *mæg toodnaa æzt/ozt mootötnee?*
That's not quite what I want.	**Nem egészen ilyet szeretnék.** *næm ægaysæn eevæt særætnayk*
No, I don't like it.	**Nem, nem tetszik** *næm næm tætseek*
It's too expensive.	**Ez túl drága.** *Æz tool draago.*
I have to think about it.	**Még meg kell gondolnom.** *Mayg mæg kæl gawndawlnawm.*
I'll take it.	**Megveszem.** *mægvæsæm*
Can I have a bag?	**Kaphatok egy szatyrot?** *Kophotawk ed^ysot^yrawt?*

Paying & Bargaining

How much?	**Mennyi?** *mænvee*
I'll pay…	**… fizetek** *…feezætæk*
in cash	**Készpénzzel** *Kayspaynzæl*
by credit card	**Kártyával** *Kaartyaavol*
A receipt, please.	**Blokkot kaphatnék?** *blawk-kawt kophotnayk*
That's too much.	**Ez túl sok.** *Æz tool shawk.*
I'll give you…	**Önnek adok…** *Urnnæk odawk…*

I have only…forints. **Csak … forintom van.** *Chok…fawreentawm von.*

Is that your best price? **Ez az utolsó ár?** *Æz oz ootawlshaw aar?*

Can you give me **Kedvezményre számíthatok?**
a discount? *Kædvæzmayn^yræ saameethotawk?*

For Numbers, see page 152.

Making a Complaint

I'd like… **Szeretnék…** *Særætnayk…*
  to exchange this **ezt kicserélni**
  æzt keechæraylnee

to see the manager **beszélni a boltvezetővel**
  bæsælnee o bawltvæzætüvæl

I'd like a refund. **Kérem vissza a vételárat.**
  kayræm vees-so o vaytæl-at

YOU MAY HEAR…

Hogyan fizet? *Hawdyon feezæt?*   How are you paying?

A bankkártyáját elutasították.   Your credit card has been
O bonkkaatyaayat ælootosheetattaak.   declined.

Azonosítóját kérem.   ID, please.
Azzawnawsheetawyaat kayræm.

Személyi igazolványát kérem   ID, please.
Sæmayyee eegozawlvaanyaat kayræm.

Hitelkártyát/csekkeket nem fogadunk el.   We don't accept credit
Heetælkaartyat/chækkækæt   cards/checks.
næm fawgodoonk æl.

Csak készpénz. *Chok kayspaynz.*   Cash only, please.

Szatyrot kér? *Soty rawt kayr?*   Would you like a bag?

A good place to start a shopping expedition in Budapest is along **Văci utca**, a pedestrianized boulevard with a wide selection of shops. For folk art and handicrafts, head towards **Folkart Centrum**. Note that while traveler's checks can be exchanged in banks and post offices, shops in Hungary do not accept them.

Services

Can you recommend...?	**Tudna ajánlani...?**	*Tood*no ayaanlonee....?
a barber	**borbély**	*bawrbayv*
a dry cleaner	**vegytisztító**	*vædyteesteetaw*
a hairstylist	**fodrászt**	*fawdraast?*
a Laundromat [launderette]	**mosoda/patyolat**	*mawshawdo/potyawlot*
a nail salon	**manikűr szalont**	*moneekewr solawnt*
a spa	**fürdőhelyet**	*fewrdühæyæt*
a travel agency	**utazási iroda**	*ootozzaashee eerawdo*
Can you...this?	**Ezt lenne kedves...?**	*Æzt lænnæ kædvæsh...?*
alter	**megigazítanini**	*mægeegozeetonee*
clean	**megtisztítani**	*mægteesteetonee*
fix	**megjavítani**	*mægyoveetonee*
press	**kivasalni**	*keevosholnee*
When will it be ready?	**Mikorra lesz kész?**	*Meekawrro læs kays?*

Hair & Beauty

I'd like...	**Szeretnék...**	*Særætnayk ...*
an appointment for today/tomorrow	**időpontot kérni mára/holnapra**	*eedüpawntawt kayrnee maaro/hawlnopro*

some color/ highlights	**színezni/világosítani**	*seenæznee/* *veelaagawsheetonee*
my hair styled/ blow-dried	**frizurát/szárítást**	*freezooraat/saareetaasht*
a haircut	**levágatni a hajamat**	*lævaagotnee o hoyomot*
an eyebrow/ bikini wax	**szemöldökszedést/bikinivonal gyantázást**	*sæmurldorksædaysht/beekeeneevawnal dyontaazaasht*
a facial	**arckozmetikát**	*ortskawzmæteekaat*
a manicure/ pedicure	**manikűrt/pedikűrt**	*monneekéwrt/pædeekewrt*
a (sports) massage	**(sport) masszázst**	*shpawrt mossaazht*

A trim, please.	**Igazítsa meg, kérem.**	*Eegazeetso **mæg**, kayræm.*
Not too short.	**Ne vágja túl rövidre.**	*næ vaagyo tōōl rurveedræ*
Shorter here.	**Itt rövidebbre.**	*Eet rurveedæbræ*
Do you offer…?	**Van Önöknél…?**	*Von Urnurnknayl…?*
acupuncture	**akupunktúra**	*okoopoonktooro*
aromatherapy	**aromaterápia**	*orawmotæraapeeo*
oxygen	**oxigén terápia**	*awkseegayn-tæraapeea*
a sauna	**szauna**	*So-oono*

Hungary has over 300 thermal springs and spa and wellness
centers. These centers provide everything from saunas and steam
baths to therapy and relaxation, as well as numerous beauty and
cosmetic treatments. Medicinal spas are also available with prior
physician's approval.

Two fabulous traditional options in Budapest include the art-nouveau
Géllert and the neo-baroque **Széchenyi** palaces which both have
beautiful baths and outdoor pools.

Antiques

How old is it?	**Milyen régi ez?** *Meeyæn raygee æz?*
Do you have anything from the…period?	**Van valamijük… korszakból?** *Von volomeeyewk… kawrsokbawl?*
Do I have to fill out any forms?	**Ki kell töltenem valamilyen űrlapot?** *Kee kæl turltænæm volomeeyæn ewrlopawt?*
Is there a certificate of authenticity?	**Van eredetiségigazolása?** *Von ærædeæteeshayg eegozawlaasho?*
Can you ship/wrap it?	**El tudja ezt küldeni/be tudja csomagolni?** *Æl toodyo æzt kewldænee/bæ toodyo chawmogawlnee?*

Clothing

I'd like…	**Szeretnék…** *Særætnayk…*
Can I try this on?	**Felpróbálhatom?** *Fælprawbaalhotawm?*
It doesn't fit.	**Nem passzol.** *Næm possawl.*
It's too…	**Túl …** *tool*
big/small	**nagy/kicsi** *nood^y/keechee*
short/long	**rövid/hosszú** *rurveed/haws-soo*
tight/loose	**szűk/bő** *sewk/bur*

Do you have this in size...?	**Van... méretben?** *Von... mayrætbæn?*
Do you have this in a bigger/smaller size?	**Van nagyobb/kisebb méretben?** *von nodyawb/keeshæb mayrætbæn*

For Numbers, see page 154.

Colors

I'd like something in ...	**Valami ... színűt szeretnék.** *vollommee ... seenewt særætnayk*
beige	**drapp/beige** *drop*
black	**fekete** *fækætæ*
blue	**kék** *kayk*
brown	**barna** *borno*
green	**zöld** *zurld*

gray	**szürke** *sewrkæ*
orange	**narancssárga** *noronch-shaargo*
pink	**rózsaszín** *rāwzhosseen*
purple	**bordó** *bawrdaw*
red	**piros** *peerawsh*
white	**fehér** *fæhayr*
yellow	**sárga** *shaargo*

YOU MAY HEAR...

Ez nagyon jól néz ki rajtad!
Eaz nadawn yawl næz kee roytod.

That looks great on you.

Hogyan passzol? *Hawdyon possawl?*

How does it fit?

Most nincs a méretében.
Mawsht neench o mayrætaybæn.

We don't have your size.

Clothes & Accessories

a backpack	**egy hátizsákot** *æd^y haateezhaakawt*
a belt	**egy övet** *æd^y urvæt*
a bikini	**egy fürdőruhát** *æd^y fewrdūroohaat*
a blouse	**egy blúzt** *æd^y blōozt*
a bra	**egy melltartót** *æd^y mæltortāwt*
briefs [underpants]	**alsógatya** *olsawdotyo*
panties (ladie's)	**bugyi** *bood^y*
a coat	**egy kabátot** *æd^y kobbaatawt*
a dress	**egy ruhát** *æd^y roohaat*
a hat	**egy kalapot** *ædy kolloppawt*
a jacket	**egy zakót/blézert** *ædy zokkawt/blayzært*
jeans	**egy farmert** *ædy formaért*

pyjamas	**egy pizsamát** *ædy peezhommaat*
pants [trousers]	**egy nadrágot** *æd^y nodraagawt*
pantyhose [tights]	**egy pár harisnya nadrágot** *ædy paar horreeshnyo nodraagawt*
a purse [handbag]	**egy táskát** *æd^y taashkaat*
a raincoat	**egy esőkabátot** *ædy æshūrkobbaatawt*
a scarf	**egy sálat** *ædy shaalot*
a shirt	**egy inget** *ædy eengæt*
shorts	**egy sortot** *ædy shawrtawt*
a skirt	**egy szoknyát** *ædy sawknyaat*
socks	**egy pár zoknit** *ædy paar zawkneet*
a suit	**egy öltönyt** *ædy urlturnyt*
sunglasses	**egy napszemüveget** *æd^y nopsæmewvægæt*
a sweater	**egy pulóvert** *ædy poolawvært*
a sweatshirt	**egy hosszúujjú pólót** *ædy haws-soovyōō pāwlāwt*
a swimsuit	**egy fürdőruhát** *ædy fewrdūrroohaat*
a T-shirt	**egy pólót** *ædy pāwlāwt*
a tie	**egy nyakkendőt** *ædy nyok-kændūrt*
underwear	**fehérneműt** *fæhayrnæmewt*

Fabric

I'd like...	**Szeretnék...** *Særætnayk...*
cotton	**pamut** *pommoot*
denim	**pamutvászon** *pommootvaasawn*
lace	**csipke** *cheepkæ*
leather	**bőr** *būrr*
linen	**vászon** *vaasawn*
silk	**selyem** *shæyæm*
wool	**gyapjú** *dyopyōo*
Is it machine washable?	**Géppel mosható?** *gayp-pæl mawsh-hottaw*

Shoes

I'd like...	**Szeretnék...** *Særætnayk...*
high-heels/flats	**magas sarkú/lapos talpú cipőt** *mogosh shorkoo/loopawsh tolpoo tseepūt*
boots	**csizmát** *cheezmaat*
loafers	**mokaszint** *mawkoseent*
sandals	**szandált** *sondaalt*
shoes	**cipőt** *tseepūt*
slippers	**papucsot** *poppoochawt*
sneakers	**tornacipőt** *tawrnotseepūt*
Size...	**...méretben** *...mayrætbæn*

For Numbers, see page 152.

Sizes

small (S)	**kicsi** *keechee*
medium (M)	**közepes** *kurzæpæsh*
large (L)	**nagy** *nodY*
extra large (XL)	**nagyon nagy** *nodY awn nodY*

| petite | **kicsi/filigrán** *keechee/feeleegraan* |
| plus size | **molett** *mawlætt* |

Newsagent & Tobacconist

Do you sell English-language newspapers?	**Árusítanak angol nyelvű újságokat?** *Aaroosheetonok ongawl nУ ælvew ooyshaagawkot?*
I'd like…	**… szeretnék.** *… særætnayk*
candy [sweets]	**Cukorkát** *tsookawrkaat*
chewing gum	**Rágógumit** *raagōwgoomeet*
chocolate	**Csokoládét** *chawkawlaadayt*
cigars	**szivart** *seevort*
crayons	**zsírkrétát** *zhéérkraytaat*
a pack/carton of cigarettes	**egy doboz/karton cigarettát** *edY dawbawz/kortawn tseegorættaat?*
a lighter	**Egy öngyújtót** *ædʲurndyōōʲtawt*
a magazine	**egy folyóiratot** *ædʲ fawyāweerottawt*
matches	**gyufát** *dʲoofaat*
a newspaper	**egy újságot** *ædʲōōyshaagawt*
a pen	**egy tollat** *ædʲtawl-lot*
a postcard	**egy Képeslapot** *ædʲkaypæshloppawt*
a road/town map of…	**egy várostérképet** *ædʲvaarawshtayrkaypæt*
stamps	**Bélyeget** *bayУægæt*

The ancient traditions of woodcarving, embroidery, weaving, pottery and other folk arts all make wonderful souvenirs and are widely available.

Photography

I'd like…camera.	**Egy …fényképező gépet szeretnék.** æd^y … *faynykaypæzur gaypæt særætnayk*
an automatic	**automata** *o-ootawmotto*
a digital	**digitális** *deegeetaaleesh*
a disposable	**eldobható** *ældawbhotaw*
I'd like…	**Szeretnék…** *Særætnayk…*
a battery	**egy elemet** *ed^y ælæmæt*
digital prints	**digitális nyomtatást** *deegeetaaleesh nyawmtotaasht*
a memory card	**egy memóriakártyát** *edd mæmawreeo-kaart^yaat*
Can I print digital photos here?	**Tudok itt digitális fényképeket nyomtatni?** *Toodawk eet deegeetaaleesh faynYkaypækæt nYawmtotnee?*

Souvenirs

a bottle of wine	**egy üveg bort** *ed^yewvæg bawrt*
a box of chocolates	**egy doboz csokoládét** *æd^ydawbawz chawkawlaadayt*
some crystal	**kristály** *kreeshtaaY*
a doll	**baba** *bobbo*
some jewelry	**valamilyen ékszert** *volomeeyæn ayksært*

a key ring	**egy kulcstartót** *ed⁹ koolchtortawt*
a postcard	**egy képeslapot** *æd⁹ kaypæshloppawt*
some pottery	**cserépedények** *chæraypædaynvæk*
a T-shirt	**egy pólót** *æd⁹ pawlawt*
a toy	**játékot** *yaataykawt*
Can I see this/that?	**Megnézhetném ezt/azt?**
	mægnayzhætnaym æst/őst
I'd like…	**… szeretnék.** *… særætnayk*
a battery	**Elemet** *ælæmæt*
a bracelet	**Egy karkötőt** *æd⁹ korkurtūrt*
a brooch	**Egy brossot** *æd⁹ brawsh-shawt*
a clock	**Egy faliórát** *æd⁹ folleeāwraat*
earrings	**Fülbevalót** *fewlbævollāwt*
a necklace	**Egy nyakláncot** *æd⁹ nyoklaantsawt*
a ring	**Egy gyűrűt** *æd⁹ dyéwrewt*
a watch	**Egy órát** *æd⁹ āwraat*
I'd like…	**Szeretnék egy…** *Særætnayk ed⁹*
copper	**réz** *rayz*
crystal	**kristály** *kreeshtaaY*
diamonds	**gyémánt** *dyaymaant*
white/yellow gold	**fehér/sárga arany** *feahayr/shaargo orrony*
pearls	**gyöngy** *dyurndY*
pewter	**ón** *awn*
platinum	**platina** *plotteeno*
sterling silver	**ezüst** *æzewsht*
Is this real?	**Ez valódi?** *Æz volawdee?*
Can you engrave it?	**Tudja ezt gravírozni?** *Toodyo æzt groveerawznee?*

Sport & Leisure

ESSENTIAL

When's the game?	**Mikor lesz a játszma?** *Meekawr les o yaatsmo?*
Where's…?	**Hol van a…?** *Hawl von o…?*
the beach	**strand** *shtrawnd*
the park	**park** *pork*
the pool	**uszoda** *oosawdo*
Is it safe to swim here?	**Biztonságos itt fürdeni?** *beestawnshaagawsh eet fewrdænee*
Can I hire clubs?	**Bérelhetek golfütőket?** *Bayrælhætæk gawlfewtükæt?*
How much per hour/day?	**Mennyi a bérleti díj…?** *mænʸee o bayrlætee déey*
How far is it to…?	**Milyen messze van a…?** *Meeyæn mæssæ von o…?*
Show me on the map, please.	**Kérem, mutassa meg a térképen.** *Kayræm, mootosho mæg o tayrkaypæn.*

Watching Sport

When's…(game/race/tournament)?	**Mikor van…** *Meekawr von…*
the basketball	**kosárlabda** *kawshaarlobdo*
the boxing	**bokszolás** *bawksawlaash*
the cricket	**krikett** *kreekæt*
the cycling	**kerékpározás** *kæraykpaarawzaash*
the golf	**golf** *gawlf*
the soccer [football]	**labdarúgás** *lobdoroodaas*
the tennis	**tenisz** *tameess*
the volleyball	**röplabda** *rurplobdo*

the water polo	**vízilabda** *vēēzeeladba*
Who's playing?	**Ki játszik?** *Kee yaatseek?*
Where's the racetrack/ stadium?	**Hol van a versenypálya/stadion?** *Hawl von o værshæn'' paayo/shtodeeawn?*
Where can I place a bet?	**Hol lehet fogadást leadni?** *Hawl læhæt fawgodaasht læodnee?*

For Tickets, see page 21.

> Hungary is a sport-loving nation. Soccer (**labdarúgás**) is the top spectator sport, alongside water polo (**vízilabda**) and basketball (**kosárlabda**). Regattas along Lake Balaton and Lake Velence are popular too, especially in the warm summer months.

Playing Sport

Where is/are...?	**Hol van/vannak a...?** *Hawl von/vonnok o...?*
the golf course	**golfpálya** *gawlfpaayo*
the gym	**konditerem** *kandeetæræm*
the park	**park** *pork*
the tennis courts	**teniszpályák** *tænees-paayaak*
How much per...?	**Mennyi a bérleti díja ...?** *Mænn'' ee o bayrlætee deeyo...?*
day	**naponta** *noppawnto*
hour	**óránként** *āwraankaynt*
game	**Játszma** *yaatsmo*
round	**játszmánként** *yaatsmaankaynt*
Can I rent [hire]...?	**Ki lehet bérelni...?** *kee læhæt bayrælnee*
some clubs	**golfütőket** *gawlfewtükæt*
some equipment	**felszerelést** *fælsærælaysht*
a racket	**ütőket** *ewtūrkæt*

At the Beach/Pool

Where's the beach/pool?	**Hol van a strand/uszoda?** *Hawl von o shtrond/**oo**sawdo?*
Is there a…?	**Van ott…?** *Von awt….?*
kiddie pool	**gyerekmedence** *d^yæræk mædæntsæ*
indoor/outdoor pool	**fedett/nyitott uszoda** *fædæt/nyeetawt **oo**sawdo*
lifeguard	**Mentőszolgálat** *mæntüfsawlgaalot*
Is it safe…?	**Biztonságos itt…?** *Beeztonshaagosh eet….?*
to swim	**úszni** *oosnee*
to dive	**merülni** *mærewlnee*
for children	**gyerekek számára** *d^yæræk kæk saamaaro*

YOU MAY SEE…

MAGÁNSTRAND	Private Beach
TILOS A FÜRDÉS	No swimming

I'd like to hire…	**Szeretnék … bérelni.** *særætnayk … bayrælnee*
a deck chair	**egy nyugágyat** *ædæ nyoogaad'ot*
a jet ski	**jetski** *jetski*
a motorboat	**motorcsónak** *mawtawrchawnok*
a rowboat	**csónak** *chawnok*
a towel	**törölköző** *turrurrlkurzu*
an umbrella	**egy napernyőt** *ædæ noppærnyūrt*
water skis	**vízisít** *veezeesheet*
a windsurfing board	**egy surfot** *ædæ surrfurt*
For…hours.	**… óra óta.** *awro awto*

While Hungary is not a well-known ski destination, there are plenty of slopes to be enjoyed for all levels but it is especially good for families and beginners (see **Nagyvillám** - www.visegradsipalya.hu). Other options include the **Dobogókő Ski Center** (www.dobogokosi.hu/en) which is close to Budapest and there are also a few resorts in the **Mátra Hills**.

Winter Sports

A lift pass for a day/ five days, please.	**Egynapos/ötnapos bérletet kérek.**
	æd^y nopawsh/urtnopawsh bayrlætæt
I'd like to hire...	**Szeretnék ... kölcsönözni**
	Særætnayk...kurlchurnurznee
boots	**bakancsot** *bokonchawt*
a helmet	**bukósisakot** *bokawsheeshokawt*
poles	**botot** *bawtawt*
skis	**sílécet** *sheelaytsæt*
a snowboard	**hódeszkát** *hawdæskaat*
snowshoes	**hótalpat** *hawtolpot*
These are too big/ small.	**Ez túl nagy/kicsi** *Æz tool nad^y/keechee*
Are there lessons?	**Van itt oktatás?** *Von eet awktotaash?*
I'm a beginner.	**Kezdő vagyok.** *Kæzdü vod^yawk*
I'm intermediate level.	**Haladó vagyok.** *Holodaw vod^yawk.*
I'm experienced.	**Van tapasztalatom.** *Von topostolotawm.*
A trail map, please.	**A pálya térképét kérem.**
	O paayo tayrkaypayt kayræm.

YOU MAY SEE...

FELVONÓK	lifts
HÚZÓ FELVONÓ	drag lift
LIBEGŐ	cable car
ÜLŐ FELVONÓ	chair lift
KEZDŐ	novice
HALADÓ	intermediate
PROFI	expert
LEZÁRT PÁLYA	trail [piste] closed

Out in the Country

A map of…, please.	**…térképét kérem.**	…tayrkaypayt kayræm
this region	**a régió**	a raygeeaw
the walking routes	**gyalogutak**	dʲalawgootok
the bike routes	**bicikliutak/kerékpárutak**	
		beetseeklee-ootok/kæraykpaarootok
the trails	**túrautak**	tooro-ootok
Is it…?	**Ez…?**	Æz…?
easy	**egyszerű**	ædʲsærew
difficult	**nehéz**	næhayz
far	**messze van**	mæssæ von
steep	**meredek**	mæradæk
How far is it to…?	**Milyen messze van …?**	meeyæn mæs sæ von
I'm lost.	**Eltévedtem.**	æltayvædtæm
Where's…?	**Hol van a…?**	Hawl von o…?
the bridge	**hid**	heSd
the cave	**a barlang**	o borlong
the farm	**tanya**	tonʲo
field	**mező**	meezūr
the forest	**erdő**	ærdūr
the hill	**hegy**	hædʲ

the lake	**tó** *tāw*
mountain	**hegy** *hædʸ*
the nature preserve	**a természetvédelmi terület** *o tærmaysætvaydælmee tærewlæt*
the viewpoint	**kilátó** *keelaataw*
the park	**a park** *o pork*
the path	**ösvény** *urshvaynv*
the peak	**hegycsúcs** *hædʸchōōch*
the picnic area	**piknik hely** *peekneek hey*
the pond	**tó** *tāw*
the river	**folyó** *fawʸāw*
the sea	**tenger** *tængær*
the (hot) spring	**(hő) forrás** *(hu) fawrraash*
the stream	**patak** *potok*
the valley	**völgy** *vurldʸ*
the vineyard	**szőlőskert** *surlurshkært*
the waterfall	**vízesés** *veezeeshaysh*

For Asking Directions, see page 33.

Going Out

ESSENTIAL

What's there to do	**Mit lehet ott éjszaka csinálni?**
	Meet læhæt awt aysoko cheenaalnee?
Do you have	**Eseménynaptárt tud adni?**
a program of events?	*ÆshæmaynY-noptaart tood odnee?*
What's playing	**Mi megy ma este?** *mee mædy mo æshtæ*
tonight?	
Where's...?	**Hol van a...?** *Hawl von o....?*
the downtown area	**városközpont** *vaarawshkurzpawnt*
the bar	**bár** *baar*
the dance club	**táncklub** *taantskloob*

Entertainment

Can you	**Tudna ajánlani...?** *Toodno oyaanlonee....?*
recommend...?	
a concert	**egy koncertet** *æd'kawntsærtæt*
a movie	**egy filmet** *æd'fee lmaét*
an opera	**egy operát** *æd'awpæraat*
a play	**színházi darabot** *seenhaazee dorobawt*
When does it	**Mikor kezdődik/van vége?**
start/end?	*Meekawr kæzdudeek/von vaygæ?*
What's the dress code?	**Milyen ruha kötelező?** *Meeyæn rooho kurtælæzü?*
I like...	**Szeretem...** *Særætæm...*
classical music	**a klasszikus zenét** *o klosseekoosh zænayt*
folk music	**a népzenét** *o naypzænayt*
jazz	**a dzsesszt** *o jazzt*
pop music	**a popzenét** *o pawp-zænayt*
rap	**a rapzenét** *o ræp-zænayt*

YOU MAY HEAR...

Kérjük, kapcsolják ki a mobiltelefonokat.
*Kayryewk, kopchawlyaak kee
o mawbeeltælæfawnawkot.*

Turn off your mobile
phones, please.

Nightlife

What's there to do at night?	**Mit lehet ott éjszaka csinálni?** *Meet læhæt awt aysoko cheenaalnee?*
Can you recommend...?	**Tudna ajánlani...?** *tood*no *o*yaanlonnee...
a bar	**egy bárt** *æd* baart
a cabaret	**egy kabarét** *æd* koborayt
a casino	**egy kaszinót** *æd* koseenawt
a dance club	**egy táncklubot** *æd* taantskloobawt
a gay club	**egy meleg klubot** *æd* mælæg kloobawt
a jazz club	**egy dzsessz klubot** *æd* jazz kloobawt
a club with folk music népzene	**egy népzenei klubot** *æd* næpzænæ-ee kloobawt
Is there live music?	**Van ott élőzene?** *Von awt aylūzænæ?*
How do I get there?	**Hogy lehet oda eljutni?** *Hod'læhæt awdo ælyootnee?*
Is there a cover charge?	**Kell belépőt fizetni?** *Kæl bælaypūt feezætnee?*
Let's go dancing.	**Gyerünk táncolni!** *DYærewnk taan*tsawlnee!
Is this area safe at night?	**Éjszaka biztonságos ez a környék?** *Aysoko beeztawnshaagawsh æz o kurnyayk?*

For Tickets, see page 21.

Special
Requirements

Business Travel

ESSENTIAL

I'm here on business.	**Üzleti úton vagyok itt.**	
	*ewzlaetee ōōtawn **vod'**awk eet*	
Here's my card.	**Itt a kártyám.** *Eet o kaartyaam.*	
Can I have your card?	**Elkérhetem a kártyáját?**	
	Aelkayrhaetaem o kaartyayaat?	
I have a meeting	**Találkozóm van...**	
with...	*Tolaalkawzawm von...*	
Where's...?	**Hol van a...** *Hawl von o...*	
the business center	**business center?** *Beeznees tsaentaer?*	
the convention hall	**kongresszusi terem** *kawgraessooshee taeraem*	
the meeting room	**tárgyalóterem** *taardyolawtaeraem*	

In Hungarian, the words for Mr. and Mrs. (**Uram** and **Hölgyem**) are only used on very formal occasions. Instead, you can simply use the western Mr. and Mrs. You will also notice that the family [surname] always precedes the first name, so you the name **Károly Jókai** in Hungary is actually said **Jókai Károly**.

On Business

I'm here for...	**Itt vagyok...** *Eet vod'awk...*	
a seminar	**a szemináriumon** *o saemee-naaree-oomawn*	
a conference	**konferencián** *kawnfaeraen-tseeaan*	
a meeting	**tárgyaláson** *taardyolaashawn*	
My name is...	**A nevem...** *O naevaem...*	

YOU MAY HEAR...

Meg volt beszélve? *Maeg vawlt baesaelvae?* — Do you have an appointment?

Kivel? *Keevael?* — With whom?

Tárgyaláson van. *Taarddyolaashawn von.* — He/She is in a meeting.

Kérem, tartsa a vonalat. — One moment, please.
Kayream, tortsho o vawnolot.

Kérem, üljön le. *Kayraem ewlyurn lae.* — Have a seat.

Megkínálhatom innivalóval? — Would you like something to drink?
Maeg-keenaalhotawm eeneevolawvol?

Köszönöm, hogy eljött. — Thank you for coming.
Kursurnurm, hody aelyurt.

May I introduce my colleague...	**Engedjék meg, hogy bemutassam kollégámat...** *Aengaedyayk maeg, hody baemootoshom kawlaygaamot*
I have a meeting/ an appointment with...	**Tárgyalásom/találkozóm van...** *Taardyolaashawm/tolaalkawzawm von...*
I'm sorry I'm late.	**Elnézést a késésért** *Aelnayzaysht o kayshayshayrt*
I need an interpreter.	**Tolmácsra van szükségem.** *Tawlmaachro von sewkshaygaem.*
You can contact me at the...Hotel.	**A...szállodában találhat meg engem.** *O...saalawdaabon tolaalhot maeg aengaem.*
I'm here until...	**Itt vagyok ...-ig.** *Eet vod^yawk...-eeg*
I need to...	**Szükségem van...** *Sewkshaygaem von...*
make a call	**telefonálni** *taelaefawnaalnee*
make a photocopy	**másolatot készíteni** *maashawlotawt kayseetaenee*
send an email	**e-mailt küldeni** *e-mailt kewldaenee*
send a fax	**egy telefaxot küldeni.** *aedv taelaefoxawt kewldaenee*

send a package	**csomagot küldeni (sürgősséggel másnapra)**
(for next-day	*chawmogawt kewldaenee (shewrgüshayggael*
delivery)	*maashnopro)*
It was a pleasure	**Örülök, hogy megismerhettem.** *Ur-rewlurk, hody*
to meet you.	*maegeeshmaerhaetaem.*

For Communications, see page 48.

Traveling With Children

ESSENTIAL

Is there a discount	**Vannak gyermekkedvezmények?**
for kids?	*Vonok dyaermaek-kaedvaezmaynyaek?*
Can you recommend	**Ajánlhatna bébiszittert?** *Oyaanlono babysittert?*
a babysitter?	
Do you have a child's	**Van-e gyerekszékük?** *Von-ae dyaeraeksaykewk?*
seat/highchair?	
Where can I change	**Hol tehetem tisztába a gyerekemet?**
the baby?	*Hawl taehaetaem teestaabo o dyaeraekaemaet?*

Out & About

Can you recommend	**Tud ajánlani valamit gyerekeknek?** *Tood*
something for kids?	*ayaanlonee volomeet dyaeraekaeknaek?*
Where's...?	**Hol van a ...?** *Hawl von o...?*
the amusement	**vidámpark** *veedaampork*
park	
the arcade	**passzázs** *possaazh*
the kiddie	**gyerekmedence** *dyaeraekmaedaentsae*
[paddling] pool	

the park	**park** *pork*
the playground	**játszótér** *yaatsawtayr*
the zoo	**állatkert** *aalotkaert*
Are kids allowed?	**A gyerekek bemehetnek?** *O dyaeraekaek baemaehaetnaek?*
Is it safe for kids?	**Biztonságos gyerekek számára?** *Beeztawnshaagawsh dyaeraekaek saamaaro?*
Is it suitable for...year olds?	**Ez....éveseknek megfelelő?** *Aez...ayvaeshaeknaek maegfaelaelü?*

For Numbers, see page 152

Baby Essentials

Do you have...?	**Van-e...?** *Von-ae...?*
a baby bottle	**cumisüvege** *tsoomeesh-ewvaegae*
baby food	**bébiétele** *baby-aytaelae*
baby wipes	**baba-törlőkendője** *bobo-turrlükaendüyae*
a car seat	**gyerekülése** *dyaeraek-ewlayshae*
a children's menu/portion	**gyerekmenü/gyerekadag** *dyaeraek-maenew/ dyaeraek-odog*
a child's seat/ highchair	**gyerekszék** *dyaeraek-sayk*

YOU MAY HEAR...

Milyen édes! *Meeyaen aydaesh!*
Hogy hívják? *Hawdy heevjaak?*
Hány éves? *Haany ayvaesh?*

How cute!
What's his/her name?
How old is he/she?

a crib/cot	**gyerekágy** *dyaeraek-aady*	
diapers [nappies]	**pelenka** *paelaenko*	
formula	**tápszer** *taapsaer*	
a pacifier [dummy]	**cumi** *tsoomee*	
a playpen	**járóka** *yaarawko*	
a stroller [pushchair]	**gyerekkocsi (üléssel)** *dyaeraek-kawchee (ewlayshael)*	
Can I breastfeed the baby here?	**Megszoptathatom itt a gyereket?** *Maegsawptothotawm eet o dyaeraekaet?*	
Where can I breastfeed/change the baby?	**Hol szoptathatom meg/tehetem tisztába a gyerekemet?** *Hawl sawptothotawm maeg/ taehaetaem teestaabo a dyaeraekaemaet?*	

For Dining with Children, see page 63

Babysitting

Can you recommend a babysitter?	**Tudna ajánlani bébiszittert?** *Toodno oyaanlonee babysitter-t?*
How much do you/ they charge?	**Mennyit kér/kérnek?** *Maenyeet kayr/kayrnaek?*
I'll be back at...	**...-kor jövök vissza** *...-kawr yurvurk veeso*
If you need to contact me, call...	**Szükség esetén hívjanak a ...** *Sewkshayg aeshaetayn heevyonok o...*

For Time, see page 154.

Health & Emergency

Can you recommend a pediatrician?	**Tudna ajánlani gyerekorvost?** *Tood*no o*yaanlonee dyaeraekawrvawsht?*
My child is allergic to...	**A gyermekem ... allergiás** *O dyaermaekaem...olaergeeaash*
My child is missing.	**Eltűnt a gyermekem.** *Aeltewnt o dyaermaekaem.*
Have you seen a boy/girl?	**Látott-e egy kislányt/kisfiút?** *Laatawt-ae edy keeshlaanyt/keesh-fee-oot?*

For Police, see page 136.

Disabled Travelers

ESSENTIAL

Is there...?	**Van itt...** *Von eet...*
access for the disabled	**mozgássérülteknek bejárat-** *mawzgaash shayrewltaeknaek baeyaarot*
a wheelchair ramp	**kerekesszékes rámpa** *kaeraekaesh-saykaesh raampo*
a disabled-accessible toilet	**WC mozgáskorlátozottak számára** *vaytsay mawzgaash-kawrlaatawzawttok saamaaro*
I need...	**Szükségem van...** *Sewkshaygaem von...*
assistance	**segítségre** *haegeetsaygrae*
an elevator [a lift]	**liftre** *leeftrae*
a ground-floor room	**földszinti szobára** *furldseentee sawbaaro*

Asking for Assistance

I'm…	**…vagyok** …*vod'awk*
disabled	**mozgáskorlátozott** *mawzgaash-kawrlaatawzawt*
visually impaired	**látássérült** *laataashayrewlt*
deaf	**siket** *sheekaet*
epileptic	**epilepsziás** *aepeelaepseeaash*
hearing impaired	**hallássérült** *hollaash-shayrewlt*
unable to walk far/	**nem tudok messzire menni/lépcsőt járni**
use the stairs	*naem toodawk maesseerae maennee/laypchurt yaarnee*
Please speak louder.	**Beszéljen hangosabban.**
	Baesaylaen hangawshobbon.
Can I bring my	**Elhozhatom a saját kerekes székemet?**
wheelchair?	*Aelhawzhotom a shayaat kaeraekaesh saykaemaet?*
Are guide dogs	**Be lehet hozni a vakvezető kutyát?** *Bae laehaet*
permitted?	*hawznee o vokvaezaetew kootyaat?*
Can you help me?	**Tudna segíteni?** *Tood no shaegeetaenee?*
Please open/hold	**Kérem, nyissa ki/tartsa nyitva az ajtót.**
the door.	*Kayraem, nyeesho kee/tortsho nyeetvo oz oytawt.*

For Health, see page 138.

In an Emergency

Emergencies

ESSENTIAL

Help!	**Segítség!** *shægheetshayg*
Go away!	**Távozzék!** *taavawzzayk*
Stop, thief!	**Fogják meg, tolvaj!** *fawgyaak mæg tawlvoy*
Get a doctor!	**Hívjon orvost!** *heevyawn awrvawsht*
Fire!	**Tűz!** *tewz*
I'm lost.	**Eltévedtem.** *æltayvædtæm*
Can you help me?	**Tudna segíteni?** *Toodno shægeetænee?*

In an emergency, dial **112**.

YOU MAY HEAR...

Töltse ki az űrlapot.	Fill out this form.
Turltshæ kee oz ewrlopawt.	
Kérem a személyi igazolványát.	Your ID, please.
Kayræm o sæmayyee eegozawlvaanyaat.	
Mikor/Hol történt?	When/Where did
Meekawr/Hawl turtaynt?	it happen?
Hogy néz ki a gyerek?	What does he/she
Hawd nayz kee a dyæræk?	look like?

Police

ESSENTIAL

Call the police!	**Hívja a rendőrséget!**
	*heevyo o ræn*dörrshaygæt
Where's the police station?	**Hol van a rendőrség?**
	hawl von o rændūrrshayg
There was an accident/attack.	**Baleset/támadás történt.**
	Bollæshæt/taamodaash turrtaynt
My child is missing.	**Eltűnt a gyerekem.** *Æltewnt o dyærækæm*
I need...	**Szükségem van...** *Sewkshægæm von...*
an interpreter	**tolmácsra** *tawlmaachro*
to make a phone call.	**telefonálnom kell.** *tælæfawnaalnawm kæl*
I'm innocent.	**Ártatlan vagyok.** *Aartotlon vodyok.*

Crime & Lost Property

I need to report...	**...Be kell jelentenem egy**
	...Bæ kæl yælæntænæm ægy
a mugging	**támadást** *taamodaasht*
a rape	**nemi erőszakolt** *næmee ærüsokāwlt*
a theft	**lopást** *lawpaasht*
I was mugged.	**Megtámadtak.** *mægtaamodtok.*
I was robbed.	**Megloptak.** *mæglawptok.*
I lost...	**Elvesztettem...** *Ælvæstæt-tæm...*
...was stolen.	**Ellopták a/az...** *Ællawptaak o/oz...*
my backpack	**hátizsákom** *haateezhaakawm*
my bicycle	**kerékpárom** *keraykpaarawm*
my camera	**fényképezőgépem** *faynykaypæzur-gaypæmæt*

my (hire) car	**(bérelt) autómat** *(bayrælt) o-oo-tawmot*
my computer	**számítógépemet** *saameetawgaypæmæt*
my credit card	**hitelkártyámat** *heetælkaartyaamot*
my jewelry	**ékszereimet** *ayksæræ-eemæt*
my money	**pénzem** *paynzæm*
my passport	**az Útlevelemet** *oz ōōtlævælæmæt*
my purse [handbag]	**a kézitáskámat** *o kāyzeetaashkaamot*
my traveler's cheques	**utazási csekkjeim.** *ootozaashee chækyæ-eem*
my wallet	**a pénztárcámat o** *paynztaartsaamot*
I need a police report.	**Rendőrségi jegyzőkönyvre van szükségem.** *Rændurshaygee yædʰzükurnvræ von sewkshaygæm.*
Where is the British/ American/Irish embassy?	**Hol van a brit/amerikai/ír nagykövetség?** *Hol von o breet/omæreekoee/eer nodykurvæchayg?*

Health

ESSENTIAL

I'm sick.	**Beteg vagyok.** *bætæg **vod**^yawk*
I need an English-speaking doctor.	**Angolul beszélő orvosra van szükségem.** *Ongawlool bæsaylur awrvawrshro von sewkshaygæm.*
It hurts here.	**Itt fáj.** *Eet faay.*

Finding a Doctor

Can you recommend a doctor/dentist?	**Tudna orvost/fogorvost ajánlani?** *Toodno **awr**vawsht/fawgawrvawsht **o**yaanlonee?*
Can the doctor come here?	**Ide tudna jönni az orvos?** *Eedæ **tood**no jurnee oz **awr**vawsh?*
I need an English-speaking doctor.	**Angolul beszélő orvosra van szükségem.** *Ongawlool bæsaylur awrvawrshro von sewkshaygæm.*
What are the office hours?	**Mikor rendel?** *Meekawr rændæl?*
I'd like an appointment for…	**Időpontot szeretnék kérni…** *Eedurpawntawt særætnayk kayrnee…*

today	**mára** *maaro*
tomorrow	**holnap** *hawlnop*
as soon as possible	**amint lehet** *ommeent læhæt*
It's urgent.	**Sürgős.** *shewrgūrsh*

Symptoms

I'm bleeding.	**Vérzem.** *Vayrzæm.*
I'm constipated.	**Székrekedésem van.** *Saykrækædayshæm von.*
I'm dizzy.	**Szédülök.** *saydewlurk*
I'm nauseous.	**Hányingerem van.** *Haanʸeengæræm von.*
I'm vomiting.	**Hánytam.** *haanʸtom*
It hurts here.	**Itt fáj.** *Eeat faay.*
I have…	
an allergic reaction	**Allergiás vagyok.** *Ollærgeeash vodʸawk.*
chest pain	**Fáj a mellkasom.** *Faay o mælkoshawm.*
cramps	**Görcsölök.** *Gurchurlurk.*
diarrhea	**Hasmenésem van.** *Hoshmænayshæm von.*
an earache	**Fáj a fülem.** *Faay o fewlæm.*
a fever	**Lázas vagyok.** *Laazosh vodʸawk.*
pain	**Fájdalmam van.** *Faaydolmom von.*
a rash	**Kiütésem van.** *Kiewtayshæm von.*
a sprain	**Rándulásom van.** *Raandoolaashawm von.*
some swelling	**Duzzanatom van.** *Doozonotawm von.*
a sore throat	**Fáj a torkom.** *Faay o tawrkawm.*
a stomach ache	**Fáj a gyomrom.** *Faay o dʸawmrawm.*
sunstroke	**Napszúrást kaptam.** *Nopsōōrosht koptom.*
I've been sick for…days.	**… napja beteg vagyok.** *… nopyo bætæg vodʸawk.*

For Numbers, see page 152.

Conditions

I'm...	... **vagyok** ... **vo**dʲawk.
anemic	**Anémiás** Onaymeeaash
asthmatic	**Asztmás** Ostmaash
diabetic	**Cukorbeteg** Tsookawrbætæg
I'm epileptic.	**Epilepsziás** Æpeelæpseeaash
I'm allergic to...	**Allergiás vagyok...** Allærgeeash vodʲawk...
antibiotics/	**antibiotikumra/penicillinre.**
penicillin.	Ænteebeeawteekoomawkræ/pæneetseeleenræ.
I have...	**...-ben szenvedek** ...-bæn sænvædæk
arthritis	**ízületi gyulladásban** eezewlætee dyoollodaashbon
a heart condition	**szívbetegségben** seevbætægsaygbæn
high/low blood	**magas/alacsony vérnyomásban** mogosh/olochawn
pressure	y vayrnawmaashbon
I'm on...	**...szedek** ... sædæk

For Meals & Cooking, see page 66.

YOU MAY HEAR...

Mi a panasza? Mee o ponoso?	What's wrong?
Hol fáj? Hawl faay	Where does it hurt?
Itt fáj? Eet faay?	Does it hurt here?
Szed valamilyen gyógyszert?	Are you on medication?
Sæd volomeeyæn dyawdysært?	
Allergiás valamire?	Are you allergic to
Ollærgeeaash volomeeræ?	anything?
Nyissa ki a száját. nyeesso kee o **saa**yaat	Open your mouth.
Sóhajtson. Shaw-hoytshawn	Breathe deeply.
Köhögjön. Kurhurgyurn	Cough, please.
Menjen kórházba. Mænyæn kawrhaazbo.	Go to the hospital.

Treatment

Do I need a prescription/medicine?	**Szükségem van receptre/gyógyszerre?** *Suewkshaygæm von rætsæptræ/dyawdysærræ?*
Can you prescribe a generic drug [unbranded medication]?	**Felírna helyettesítő gyógyszert? (generikus)** *Fæleerno hæyættæseetü dyawdysært? (gænæreekoosh)*
Where can I get it?	**Hol vehetem meg?** *Hol væhætæm mæg?*

For What to Take, see page 143.

Hospital

Notify my family, please.	**Kérem értesítse a családomat.** *Kayræm ayrtæsheetshæ o chollaadawmot*
I'm in pain.	**Fájdalmaim vannak.** *faydolmoeem von-nok*
I need a doctor/nurse.	**Orvosra/nővérre van szükségem.** *Awrvawshro/nurvayrræ von sewkshaygæm.*
When are visiting	**Mikor van látogatási idő?** *meekawr vonlaatawgottaashee eedūrr*
I'm visiting…	**…látogatom** …*laatawgotawm.*

Dentist

I have a broken tooth.	**Eltört egy fogam.** *ælturrt æd^y fawgom*
I have lost a filling.	**Kiesett egy tömésem.** *keeæshæt æd^y turmayshæm*
a toothache	**Fáj a fogam.** *faay o fawgom*
Can you fix this denture?	**Meg tudja javítani ezt a protézist?** *mæg toodyo yoveetonee æzt o prawtayzeesht?*

Gynecologist

I have cramps.	**Görcseim vannak.** *dyurrc-scheem von-nok*
I have a vaginal infection.	**Hüvelygyulladásom van.** *hewvæydyoolloddaashawm von*
I missed my period.	**Nem jött meg a menszeszem.** *Næm yurt **m**æg o mænzæsæm.*
I'm on the Pill.	**Tablettát szedek.** *toblættaat sædæk*
I'm (…months) pregnant.	**(… hónapos) Terhes vagyok.** *(…) tærhæsh **vo**d^yawk*
I'm not pregnant.	**Nem vagyok terhes.** *Næm **vo**d^yawk tærhæsh.*
My last period was…	**Az utolsó menszeszem … volt.** *Oz ootawlshaw mænæsæm… vawlt.*

For Numbers, see page 152.

Optician

I lost…	**Elveszítettem…** *Ælvæseetættæm a…*
a contact lens	**a kontaktlencsémet** … *kawntokt-lænchaymæt*
my glasses	**szemüvegemet** *sæmewvægæmæt*
a lens	**az egyik lencsémet** *oz aedyeek laentsaeymaet*

Payment & Insurance

How much?	**Mennyibe kerül?** *mænveebæ kærewl*
Can I pay by credit card?	**Fizethetek kártyával?** *Feezæthætæk kaartyaavol?*
I have insurance.	**Biztosításom van.** *Beeztawsheetaashom von.*
I need a receipt for my insurance.	**Nyugtára van szükségem a biztosítóm részére.** *Noogtaaro von sewkshaygæm o beeztawsheetawm raysayræ.*

Pharmacy

ESSENTIAL

Where's the pharmacy?	**Hol van a patika?** *Hawl von o poteeko?*
What time does it open/close?	**Mikor nyit/zár?** *Meekawr nyeet/zaar?*
What would you recommend for…?	**Mit ajánl a…?** *Meet ayaanl o…?*
How much do I take?	**Hogyan kell szedni?** *Hawdyon kæl sædnee?*
I'm allergic to…	**Allergiás vagyok…** *Olærgeeash **vod**ʸawk…*

What to Take

How much do I take?	**Hogyan kell szedni?**	*Hawdyon kæl sædnee?*
How often?	**Milyen gyakran?**	*Meeyæn dyokron?*
Is it safe for children?	**Gyermekek számára ez biztonságos?**	
	Dyærmækæk saamaaro æz beeztonshaagosh?	
I'm taking...	**...szedek**	*...sædæk.*
Are there side effects?	**Van mellékhatása?**	*Von mællaykhotaasho?*
I need something for...	**Szükségem van valamire...**	
	Sewkshaygæm von volomeeræ...	

a cold	**náthára**	*naathaaro*
a cough	**köhögésre**	*kurhurgayshræ*
diarrhea	**hasmenésre**	*hoshmænayshræ*
a headache	**fejfájásra**	*fæyfaayashro*
indigestion	**gyomorrontásra**	*dyawmawr-rawntaashro*
insect bites	**rovarcsípésre**	*rawvor-cheepayshræ*

YOU MAY SEE...

NAPONTA EGYSZER/HÁROMSZOR	once/three times a day
TABLETTA	tablet
CSEPPEK	drop
KIS KANÁL	teaspoon
ÉTKEZÉS...	...meals
ELŐTT	After
UTÁN	Before
KÖZBEN	With
ÉHGYOMORRA	on an empty stomach
NYELJE LE EGÉSZBEN	swallow whole
ÁLMOSSÁGOT OKOZHAT	may cause drowsiness
NEM FOGYASZTHATÓ	do not ingest

motion sickness	**hányinger ellen** *haanyeengær ællæn*
a sore throat	**torokfájásra** *tawrawkfaayashro*
sunburn	**leégésre** *læaygayshræ*
a toothache	**fogfájásra** *fawgfaayashro*
an upset stomach	**gyomorrontásra** *dyawmawr-rawntaashro*

For chemists or drugstores, look for the sign **Gyógyszertár** or **patika**. You won't find any cosmetics or toiletries here though, for these look for **illatszerbolt** or **drogéria**.

Basic Supplies

I'd like...	**Kérek...** *Kayræk...*
acetaminophen [paracetamol]	**paracetamolt** *porotsætomawlt*
antiseptic cream	**fertőtlenítő kenőcsöt** *fáért ūrtlæneetūr kænūrchurt*
aspirin	**aszpirint** *ospeereent*
Band-Aid [plasters]	**sebtapaszt** *shæbtoppost*
bandages	**kötszert** *kurtsært*
a comb	**fésűt** *fayshewt*
condoms	**óvszert** *awvsært*
contact lens solution	**kontaktlencse tisztító folyadékot** *kawntaktlænchæ teesteetaw fawyodaykawt*
deodorant	**dezodort** *dæzawdawrt*
a hairbrush	**hajkefét** *hoykæfayt*
hairspray	**hajlakkot** *hoylokawt*
ibuprofen	**ibuprofent** *eebooprawfænt*
insect repellent	**rovarriasztót** *rawvor-reeostawt*

lotion [moisturizing cream]	**testápoló balzsamot** *tæshtaapawlaw bolzhomawt*
a nail file	**egy körömreszelőt** *ædʸ kurrurmræsælūrt*
a (disposable) razor	**egy (eldobható) borotvát** *ædʸ (ældawbhotaw) bawrrawtvaat*
razor blades	**borotvapengét** *bawrrawtvoppængayt*
sanitary napkins [pads]	**betétet** *bætaytæt*
scissors	**ollót** *awlawt*
shampoo/ conditioner	**sampont/hajbalzsamot** *shompawnt/ hoybolzhomawt*
soap	**szappant** *soppont*
sunscreen	**napozókrémet** *noppawzawkraymæt*
tampons	**tampont** *tompawnt*
tissues	**papírzsebkendőt** *popeerzhæbkændūt*
toilet paper	**WC papírt** *vay-tsay popeert*
toothpaste	**egy fogkrémet** *ædʸ fawgkraymæt*
tweezers	**egy csipesz** *ædʸ cheepæst*

For Baby Essentials, see page 130.

The Basics

Grammar

Hungarian is a unique, intricate, subtle language belonging to the Finno-Ugric family (its closest, yet still extremely distant, relative is Finnish). It's completely unrelated to Slavonic, Germanic or any other Indo-European tongue. Hungarian words are higly derivative, various ideas and nuances being expressed by a root-word modified in different ways. Instead of prepositions (to, from, in, etc.), Hungarian uses a variety of suffixes (tags added to the ends of words). Special endings are also added to verbs, pronouns and other parts of speech, e.g. **kap** (get), **kapok** (I get), **kaphatok** (I can get); **könyv** (book), **könyvem** (my book), **könyveim** (my books), **könyveimben** (in my books). The choice of suffix is partly governed by a complicated set of rules of vowel harmony, which means that the vowels in the root-word determine which alternative of the required suffix must be added e.g. Budapest**en** (in Budapest), Miskolc**on** (in Miskolc).

In some phrases in this book we have had no alternative but to leave the choice of suffix open, since it depends on the word you wish to insert in front of it. It's impossible for us to give here a watertight summary of the technicalities of vowel harmony. However, if you follow the rules of thumb given below you'll considerably shorten the odds on picking the correct suffix.

If the basic word is dominated by "open" vowels (**e, é, i, í, ö, o, ü, ű**), add the suffix which also contains an "open" vowel.

If the basic word is dominated by "closed" vowels (**a, á, o, ó, u, u**), add the suffix which also contains a "closed" vowel.

Don't worry about making a mistake, you'll be understood—and most likely complimented for trying hard!

Articles

Definite article (the)

The word for the is **a** before **a** word beginning with a consonant, and **az** before a vowel, in both singular and plural. It is indeclinable.

Singular		Plural	
a vonat	the train	**a vonatok**	the trains
az asztal	the table	**az asztalok**	the tables

Definite article (a/an)

The indefinite article is always **egy** (the same as the word for "one")- It is indeclinable.

Singular		Plural	
egy vonat	a train	**vonatok**	trains
egy asztal	a table	**asztalok**	tables

Nouns

As in English, there is no grammatical gender. However, nouns take various endings depending on their case.

Here is a general model of the declension of nouns based on the word **könyv** (book), showing the endings to be added. Note, however, that endings are often subject to change according to the rules of vowel harmony.

Case	Singular	Plural	Usage
subject	**könyv**	**könyvek**	the book/s (is/are …)
dir. obj.	**könyvet**	**könyveket**	(1 read) the book/s
possess.	**könyvnek a**	**könyveknek a**	of the book/s
ind. obj.	**könyvnek**	**könyveknek**	to the book/s
place	**könyvben**	**könyvekben**	in the book/s
"from"	**könyvről**	**könyvekről**	from the book/s

Adjectives

The adjective precedes the noun, with no endings.

a piros autó   the red car   **a piros autók**   the red cars

The comparative of an adjective is formed by adding the endings -**bb**, -**abb**, -**ebb** or -**obb** to its simple form.

In the superlative, the adjective takes the same endings but is also preceded by **leg**. Here are some useful examples:

Simple	Comparative	Superlative
jó	**jobb**	**Legjobb**
good	better	Best
magas	**magasabb**	**legmagasabb**
tall	taller	tallest
szép	**szebb**	**legszebb**
beautiful	more beautiful	most beautiful
nagy	**nagyobb**	**Legnagyobb**
big	bigger	biggest

Personal pronouns

Subject	Direct object	Indirect object	
I	**én**	**engem**	**nekem**
you	**maga***	**magát***	**magának***
	ön	**önt**	**önnek**
you	**te**	**téged**	**neked**
he/she/it	**ő**	**őt**	**Neki**
we	**mi**	**minket**	**nekünk**
you	**maguk***	**magukat***	**maguknak***
	önök	**önöket**	**önöknek**
you	**ti**	**titeket**	**nektek**
they	**ők**	**őket**	**nekik**

* Polite form for "you".

Demonstratives

| this **ez** | these **ezek** | that **az** | those **azok** |

Possessives

To form the possessive case, take the definite article + the personal pronoun + the noun. The noun takes endings (again, governed by a complicated set of rules).

my book	**az én könyvem**	our book	**a mi könyvünk**
your book	**a maga könyve***	your book	**a maguk könyve***
your book	**a te könyved**	your book	**a ti könyvetek**
his/her book	**az ő könyve**	their book	**az ő könyvük**

Verbs

Because of the complexity of Hungarian verbs we have restricted ourselves to showing how to form the present and future tenses of verbs, including the special cases of the verbs "to be" and "to have".

Present tense of the verbs "to be" and "to have"

to be (lenni)			
I am	**én vagyok**	we are	**mi vagyunk**
you are	**maga van***	you are	**maguk vannak***
you are	**te vagy**	you are	**ti vagytok**
he/she/it is	**ő van**	they are	**ők vannak**

to have (birtokolni)			
I have	**nekem van**	we have	**nekünk van**
you have	**magának van***	you have	**maguknak van***
you have	**neked van**	you have	**nektek van**
he/she/it has	**neki van**	they have	**nekik van**

* Polite form for "you", "your".

Present tense of other verbs

The present tense may be formed in various ways. Here is a common pattern for verbs ending in **-s** based on the infinitive **olvasni** (to read).

I read	**én olvasok**	we read	**mi olvasunk**
you read	**maga olvas***	you read	**maguk**
	olvasnak*		
you read	**te olvasol**	you read	**ti olvastok**
he/she reads	**ő olvas**	they read	**ők olvasnak**

Questions: **olvas?** = does he/she read? etc.

Future

A simple method of forming the future tense is to use the personal pronoun + the word corresponding to "shall" or "will" (**fogok/fogsz**, etc.) + the infinitive. Here we take the verb **vásárolni** (to shop) as an example (I shall shop/go shopping, etc.).

I ...	**én fogok vásárolni**	we ...	**mi fogunk vásárolni**
you ...	**maga fog vásárolni***	you ...	**maguk fognak vásárolni***
you ...	**te fogsz vásárolni**	you ...	**ti fogtok vásárolni**
he/she...	**ő fog vásárolni**	they ...	**ők fognak vásárolni**

Negatives

In a sentence, the word nem is usually placed after the subject. There is also a change of word order (inversion).

I am here	**én itt vagyok**
I am not here	**én nem vagyok itt**

* Polite form for "you".

Numbers

ESSENTIAL

0	**nulla** *noollo*
1	**egy** *ædʸ*
2	**kettő** *kættūr*
3	**három** *haarawm*
4	**négy** *naydʸ*
5	**öt** *ūrt*
6	**hat** *hot*
7	**hét** *hayt*
8	**nyolc** *nʸawlts*
9	**kilenc** *keelænts*
10	**tíz** *tēēz*
11	**tizenegy** *teezænædʸ*
12	**tizenkettő** *teezænkættūr*
13	**tizenhárom** *teezænhaarawm*
14	**tizennégy** *teezænnaydʸ*
15	**tizenöt** *teezænurt*
16	**tizenhat** *teezænhot*
17	**tizenhét** *teezænhayt*
18	**tizennyolc** *teezænnʸawlts*
19	**tizenkilenc** *teezænkeelænts*
20	**húsz** *hōōs*
21	**huszonegy** *hoosawnnædʸ*
22	**huszonkettő** *hoosawnkættūr*
30	**harminc** *hormeents*
31	**harmincegy** *hormeentsædʸ*
40	**negyven** *nædʸvæn*
50	**ötven** *urtvæn*

60	**hatvan** *hot*von
70	**hetven** *hæt*væn
80	**nyolcvan** n*ʸawlts*von
90	**kilencven** *keel*æntsvæn
100	**száz** *saaz*
101	**százegy** *saaz*ædʸ
200	**kétszáz** *kayt*saaz
500	**ötszáz** *urt*saaz
1,000	**ezer** *æ*zær
10,000	**tízezer** *tēēz*æzær
1,000,000	**milliárd** *meell*eeaard

Ordinal Numbers

first	**első**
	*æl*shūr
second	**második**
	*maa*shawdeek
third	**harmadik**
	*hor*moddeek
fourth	**negyedik**
	*nædʸ*ædeek
fifth	**ötödik**
	*ur*turdeek
once	**egyszer**
	*ædʸ*sær
twice	**kétszer**
	*kayt*sær
three times	**háromszor**
	*haar*awmsawr

ESSENTIAL

Excuse me. Can you tell me the time?	**Elnézést, megmondaná mennyi az idő?** *ælnayzaysht mægmawn- donnaa **mæn**ʸ-nyee oz **ee**dūr*
It's ...	**Most van ...** *mawst von...*
five past one	**egy óra öt perc*** *ædʸ **aw**ro ūrt pærts*
ten past two	**két óra tíz perc** *kayt **aw**ro teez pærts*
a quarter past three	**negyed négy** *næd'æd naydʸ*
twenty past four	**négy óra húsz** *naydʸ **aw**ro hōōs*
twenty-five past five	**öt óra huszonöt** *ūrt **aw**ro **hoo**sawnurt*
half past six	**fél hét** *fayl hayt*
twenty-five to seven	**öt perccel múlt fél hét** *ūrt **pært**sæl mōōlt fayl hayt*
twenty to eight	**öt perc múlva háromnegyed nyolc** *ūrt pærts **mōōl**vo haarawm- næd'æd nvawlts*
a quarter to nine	**háromnegyed kilenc** *haarawmnæd'æd keelænts*
ten to ten	**tíz perc múlva tíz** *teez pærts mōōlvo teez*
five to eleven	**öt perc múlva tizenegy** *ūrt pærts **mōōl**vo teezæn-ædʸ*
twelve o'clock	**tizenkét óra** *teezænkayt **aw**ro*
noon/midnight	**dél/éjfél** *dayl/**ay**ʸfayl*
in the morning	**délelőtt** *daylælūrt*
in the afternoon	**délután** *daylootaan*
in the evening	**este** *æshtæ*

Days

ESSENTIAL

Monday	**hétfő** *haytfūr*
Tuesday	**kedd** *kæd*
Wednesday	**szerda** *særdo*
Thursday	**csütörtök** *tshewturrturk*
Friday	**péntek** *payntæk*
Saturday	**szombat** *sawmbot*
Sunday	**vasárnap** *voshaarnop*

Dates

yesterday	**tegnap** *tægnop*
today	**ma** *mo*
tomorrow	**holnap** *hawlnop*
day	**nap** *nop*
week	**hét** *hayt*
weekend	**hétvége** *haytvayghæ*
month	**hónap** *hawnop*
year	**év** *ayv*
Happy New Year!	**Boldog új évet!**
	bawldawg ōōy ayvæt
Happy Birthday!	**Boldog születés napot!**
	bawldawg sewlætaysh-noppawt

Note that the names of days and months are not capitalized in Hungarian.

Months

January	**január** *yonnooaar*
February	**február** *fæbrooaar*
March	**március** *maartseeoosh*
April	**április** *aapreeleesh*
May	**május** *maayoosh*
June	**június** *yōōneeoosh*
July	**július** *yōōleeoosh*
August	**augusztus** *o-oogoostoosh*
September	**szeptember** *sæptæmbær*
October	**október** *awktāwbær*
November	**november** *nawvæmbser*
December	**december** *dætsæmbær*

Seasons

spring	**tavasz** *tovvos*
summer	**nyár** *nʸaar*
autumn	**ősz** *ūrs*
winter	**tél** *tayl*

Holidays

January 1	**Újév** *New Year's Day*	
March 15	**Nemzeti ünnep** *National Day*	
May 1	**A munka ünnepe** *Labour Day*	
August 20	**Szt. István ünnepe** *St. Stephen's Day*	
October 23	**Nemzeti ünnep** *National Day*	
December 25	**Karácsony első napja** *Christmas Day*	
December 26	**Karácsony második napja** *Boxing Day*	
Movable:	**Húsvét hétfő** *Easter Monday*	

Conversion Tables

When you know	Multiply by	To find
ounces	28.3	grams
pounds	0.45	kilograms
inches	2.54	centimeters
feet	0.3	meters
miles	1.61	kilometers
square inches	6.45	sq. centimeters
square feet	0.09	sq. meters
square miles	2.59	sq. kilometers
pints (U.S./Brit)	0.47/0.56	liters
gallons (U.S./Brit)	3.8/4.5	liters
Fahrenheit	5/9, after 32	Centigrade
Centigrade	9/5, then +32	Fahrenheit

Kilometers to Miles Conversions

1 km	0.62 miles
5 km	3.1 miles
10 km	6.2 miles
50 km	31 miles
100 km	62 miles

Measurement

1 gram	1000 milligrams	= 0.035 oz.
1 kilogram (kg)	1000 grams	= 2.2 lb
1 liter (l)	1000 milliliters	= 1.06 U.S./0.88 Brit. quarts
1 centimeter (cm)	10 millimeters	= 0.4 inch
1 meter (m)	100 centimeters	= 3.28 feet
1 kilometer (km)	1000 meters	= 0.62 mile

Temperature

-40° C – -40° F	-1 ° C – 30° F	20° C – 68° F
-30° C – -22° F	0° C – 32° F	25° C – 77° F
-20° C – -4° F	5° C – 41 ° F	30° C – 86° F
-10° C – 14° F	10° C – 50° F	35° C – 95° F
-5° C – 23° F	15° C – 59° F	

Oven Temperature

100° C – 212° F	177° C – 350° F
121 ° C – 250° F	204° C – 400° F
149° C – 300° F	260° C – 500° F

English–Hungarian

A

a egy
abbey apátság
abbreviation rövidítés
about (approximately) körülbelül
above felett
abscess tályog
absorbent cotton vatta
accept, to elfogadni
accessories kiegészítők,
  alkatrészek
accident baleset
accommodation szállás
account bankszámla
ache fájdalom
adaptor adapter
address cím
address book címregiszter
adhesive öntapadós
adhesive tape ragasztószalag
admission belépés
Africa Afrika
after után
afternoon délután
after-shave lotion borotválkozás
  utáni arcszesz
age életkor
ago ezelőtt
air bed gumimatrac

air conditioner légkondicionáló
air conditioning légkondicionálás
airmail légiposta
airplane repülőgép
airport repülőtér
alarm clock ébresztőóra
alcohol alkohol
alcoholic szeszes
all minden
allergic allergiás
almond mandula
alphabet ábécé
also is
alter, to (garment) átalakítani
amazing elbűvölő
amber borostyán
ambulance mentő
American amerikai
American plan teljes ellátás
amethyst ametiszt
amount összeg
amplifier erősítő
anaesthetic érzéstelenítő
and és
animal állat
ankle boka
anorak dzseki
another másik
antibiotic antibiotikum

| adj adjective | BE British English | prep preposition |
| adv adverb | n noun | v verb |

antidepressant depresszió elleni
  orvosság
antiques régiségek
antique shop régiségkereskedés
antiseptic fertőtlenítő
anyone valaki
anything valami
anywhere valahol
aperitif aperitif
appendicitis vakbélgyulladás
appendix vakbél
appetizer előétel
apple alma
apple juice almalé
appliance készülék
appointment megbeszélt találkozó
apricot sárgabarack
April április
archaeology régészet
architect építész
area code hívószám, körzetszám
arm kar
arrangement (set price)
  kedvezmény
arrival érkezés
arrive, to érkezni
art (képző) művészet
art gallery (képzőművészeti)
  galéria
artificial mesterséges
artist művész
ashtray hamutartó
Asia Ázsia
ask for, to kérni
asparagus spárga

aspirin aszpirin
asthma asztma
astringent timsó
at (time) -kor **(space)** -nál/-nél
at least legalább
at once azonnal
August augusztus
aunt nagynéni
Australia Ausztrália
Australian ausztrál
Austria Ausztria
automatic automata
autumn ősz
awful borzasztó

B

baby kisbaba
baby food bébiétel
babysitter babysitter, pótmama
back hát
backache hátfájás
backpack hátizsák
bacon szalonna
bad rossz
bag táska; szatyor
baggage csomag, poggyász
baggage cart poggyászkocsi
baggage check poggyászmegőrző
baked sült, sülve
baker's pékség
balance ('account) mérleg
balcony erkély
ball (inflated) labda
ballet balett
bail-point pen golyóstoll

banana banán
bandage kötszer
Band-Aid sebtapasz
bangle karperec
bangs [fringe] frufru
bank (finance) bank
banknote bankjegy
bar bár; **(chocolate)** tábla
barber's borbély
basketball kosárlabda
bath (hotel) fürdőszoba
bathing cap fürdősapka
bathing hut kabin
bathing suit fürdőruha
bathrobe fürdőköpeny
bathroom fürdőszoba
bath salts fürdősó 109
bath towel fürdőtörülköző
battery elem ; **(car)** akkumulátor
bay leaf babérlevél
be, to lenni
beach strand
beach ball strandlabda
bean bab
beard szakáll
beautiful szép, gyönyörű
beauty salon kozmetikai szalon
bed ágy
bed and breakfast
  szoba reggelivel
bedpan ágytál
beef marhahús
beer sör
beet(root) cékla
before (place) előtt

begin, to kezdődni
beginning eleje
behind mögött
beige drapp, beige
Belgium Belgium
bell (elecric) csengő
bellboy londiner
below alatt
belt öv
bend (road) kanyar
berth kusett
better jobb
between között
bicycle kerékpár
big nagy
bill számla **(banknote)** bankjegy;
  címlet
billion (Am.) milliárd
binoculars látcső
bird madár
birth születés
birthday születésnap
biscuit (Br.) keksz, sütemény
bitter keserű
black fekete
black and white fekete-fehér
blackberry szeder
black coffee kávé
blackcurrant fekete ribizli
bladder hólyag
blade penge
blanket takaró
bleach szőkítés
bleed, to vérezni
blind (window) roló

blister vízhólyag
block, to eldugul
blood vér
blood pressure vérnyomás
blood transfusion vérátömlesztés
blouse blúz
blow-dry beszárítás
blue kék
blueberry áfonya
blusher rúzs
boar (wild) vaddisznó
boat hajó
bobby pin hajcsat
body test
boil kelés
boiled főtt
boiled egg főtt tojás
bone csont
book könyv
booking office jegyiroda
bookshop könyvesbolt
boot csizma
born született
botanical gardens botanikus kert
botany botanika
bottle üveg
bottle-opener sörnyitó
bottom alul
bowel bél
bow tie csokornyakkendő
box doboz
boxing boksz
boy fiú
boyfriend barát
bra melltartó

bracelet karkötő
braces (suspenders) nadrágtartó
braised dinsztelt
brake fék
brake fluid fékolaj
brandy pálinka
bread kenyér
break, to eltörni
break down, to elromlani
breakdown defekt
breakdown van szervizkocsi, autómentő
breakfast reggeli
breast mell
breathe, to lélegezni, sóhajtani
bricks (toy) kocka
bridge hid
bring, to hozni
British brit, angol
broken eltörött
brooch bross
brother fiútestvér
brown barna
bruise zúzódás
brush kefe
Brussels sprouts kelbimbó
bubble bath fürdőhab
bucket vödör
buckle csat
build, to építeni
building épület
building blocks építőkocka
bulb (light) villanykörte
burn égés
burn out, to (bulb) kiég

bus busz, autóbusz
business üzlet
business district üzleti negyed
business trip üzleti út
bus stop buszmegálló
busy sok dolga van
but de
butane gas butángáz
butcher's hentes
butter vaj
button gomb
buy, to venni

C

cabana kabin
cabbage káposzta
cabin (ship) kabin
cable távirat
cable release kábeles kioldó
café kávéház
cake sütemény
calculator számológép
calendar naptár
call (phone) telefonbeszélgetés
call, to (give name) hívni; **(phone)**;
  (summon)
call back, to visszahívni
calm nyugodt
cambric vászon
camel-hair teveszőr
camera fényképezőgép
camera case fényképezőgép tok
camera shop fotó szaküzlet
camp, to kempingezni
campbed kempingágy

camping kemping
camping equipment
  kempingfelszerelés
camp site kemping
can (container) konzerv
can (to be able) -hat, -het
Canada Kanada
Canadian kanadai
cancel, to töröltetni
candle gyertya
candy cukor(ka)
can opener konzervnyitó
cap sapka
capital (finance) tőke
car autó, gépkocsi
carat karát
caravan lakókocsi
caraway köménymag
carbon paper indigó
carburettor karburátor
card kártya, névjegy
card game játékkártya
cardigan kardigán
car hire autókölcsönzés
carp ponty
car park parkoló
car racing autóversenyzés
car radio autórádió
car rental autókölcsönzés
carrot sárgarépa
carry, to vinni
cart kézikocsi
carton (of cigarettes) karton
  (cigaretta)
cartridge (camera) filmpatron

case (cigarettes etc) tárca; tok
cash, to beváltani
cash desk pénztár
cassette kazetta
castle vár
catalogue katalógus
cathedral katedrális
Catholic katolikus
cauliflower karfiol
caution vigyázat
cave barlang
celery zeller
cemetery temető
centimetre centiméter
centre (város)központ
century évszázad
ceramics kerámiák
cereal müzli
certificate (medical) igazolás
chain (jewellery) lánc
chain bracelet karlánc
chair szék
chamber music kamara zene
change (money) apró
change, to megváltoztatni
  kicserélni; **(money)** (pénzt)
  váltani
chapel kápolna
charcoal faszén
charge bérleti díj; költség
charm (trinket) kabala
cheap olcsó
check csekk ; **(restaurant)** számla
check, to ellenőriz; **(luggage)**
  feladni

check in, to (airport) bejelentkezni
  (becsekkelni)
check-in (airport) bejelentkezés
check out, to eltávozni
checkup (medical) kivizsgálás
cheers! egészségére!
cheese sajt
chemist's gyógyszertár
cheque csekk
cherry cseresznye
chess sakk
chess set sakk
chest mellkas
chestnut gesztenye
chewing gum rágógumi
chewing tobacco dohány
chicken csirke
chiffon sifon
child gyerek
children's doctor gyermekorvos
China Kina
chips sült krumpli, hasábburgonya
chocolate csokoládé
  (hot) kakaó
chocolate bar tábla csokoládé
Christmas Karácsony
chromium króm
church templom
cigar szivar
cigarette cigaretta
cigarette case cigarettatárca
cigarette holder cigaretta szipka
cigarette lighter öngyújtó
cine camera filmfelvevőgép
cinema mozi

circle (theatre) erkély
city város
classical klasszikus
clean tiszta
clean, to kitisztítani, lemosni
cleansing cream tisztító krém
cliff szikla
clip melltű
cloakroom ruhatár
clock falióra; óra
clock-radio órás rádió
close (near) közel
close, to (be) zárni
closed zárva
cloth vászon
clothes ruhaneműk
clothes peg ruhacsipesz
clothing ruházkodás
cloud felhő
clove szegfűszeg
coach (bus) távolsági busz
coat kabát
cod tőkehal
coffee kávé
coin érme
cold hideg
cold (illness) nátha
cold cuts hideg sült hús
collar gallér
collect call R-beszélgetés
color szín
color chart színtábla
colorfast színtartó
color rinse bemosás
color shampoo bemosó sampon

comb fésű
come, to jönni
comedy vígjáték
commission átváltási jutalék
common (frequent) gyakran használt
compact disc CD lemez
compartment fülke
compass iránytű
complaint panasz
concert koncert
concert hall hangversenyterem
conductor (orchestra) karmester
confectioner's édességbolt
confirm, to megerősíteni
confirmation visszaigazolás
congratulation gratuláció
connection (train) átszállás
constant állandó
constipation székrekedés
consulate konzulátus
contact lens kontaktlencse
contagious fertőző
contraceptive fogamzásgátló
contract szerződés
control vizsgálat
convent kolostor
conversion átváltás
cookie keksz
cool box hűtőláda
copper réz
coral korall
corduroy kordbársony
corkscrew dugóhúzó**

corn (Am.) kukorica; **(foot)** tyúkszem
corner sarok
corn plaster tyúkszemirtó
cosmetics kozmetikumok
cost költség
cost, to kerülni (valamibe)
cot gyerekágy
cotton pamut
cotton wool vatta
cough köhögés
cough, to köhögni
cough drops köhögés elleni cukorka
country ország
court house bíróság
cousin unokatestvér
crab rák
cracker sós keksz
cramp görcs
crayon zsírkréta
cream tejszín; **(toiletry)** krém
crease resistant gyűrődésmentes
credit hitel
credit card hitelkártya
crepe krepp
crockery edények
cross kereszt
crossing (by sea) átkelés
crossroads keresztét
crystal kristály
cucumber uborka
cuff link mandzsettagomb
cuisine konyha
cup csésze
curler hajcsavar

currency valuta, pénznem
currency exchange office valutaváltás
current örvény
curtain függöny
curve (road) kanyar
customs vám
cut (wound) vágás
cut off, to vágni; **(telephone)** megszakad a vonal
cut glass csiszolt üveg
cuticle remover bőrkeeltávolító
cutlery evőeszköz
cycling kerékpározás
cystitis hólyaggyulladás
Czech Republic

D

dairy tejbolt
dance, to táncolni
danger veszély
dangerous veszélyes
dark sötét
date (day) dátum; **(of birth)** születés ideje
daughter lánya
day nap
daylight nappali fény
day off szabadnap
death halál
decade évtized
December december
decision döntés
deck (ship) fedélzet
deck chair nyugágy

declare, something to (customs) elvámolni való

delicatessen csemege bolt

deliver, to szállítani

delicious finom

delivery szállítás

denim pamutvászon

Denmark Dánia

dentist fogorvos

denture műfogsor

deodorant dezodor

department (museum) részleg; **(shop)** osztály

department store áruház 98

departure indulás

deposit letét

dessert édesség, desszert

detour (traffic) forgalomelterelés

develop, to előhívni

diabetic cukorbeteg

dialling code hívószám

diamond gyémánt

diaper pelenka

diarrhoea hasmenés

dictionary szótár

diesel diesel olaj

diet fogyókúra

difficult nehéz

difficulty nehézség; probléma

digital digitális

dill kapor

dine, to ebédelni, vacsorázni

dining car étkezőkocsi

dining room ebédlő

dinner vacsora

direct közvetlen

direct to, to megmutatni merre van

direction irány

director (theatre) rendező

directory (phone) telefonkönyv

disabled rokkant

disc lemez

discotheque diszkó

discount kedvezmény, leértékelés

disease betegség

dish étel

disinfectant fertőtlenítő

dislocate, to kiugrani

dissatisfied elégedetlen

district (town) negyed

disturb, to zavarni

diversion (traffic) forgalomelterelés

dizzy, to feel szédülni

doctor orvos

doctor's office orvosi rendelő

dog kutya

doll baba

dollar dollár

door ajtó

double bed franciaágy

double room kétágyas szoba

down le

downstairs lent

downtown belváros

dozen tucat

drawing paper rajzlap

drawing pin rajzszög**

dress ruha
dressing gown pongyola
drink ital, innivaló
drink, to inni
drinking water ivóvíz
drip, to (tap) csöpög
drive, to vezetni
driving licence jogosítvány
drop (liquid) csepp
drugstore gyógyszertár
dry száraz
dry cleaner's (vegy) tisztító
duck kacsa
dummy cumi
during közben
duty (customs) vám
dye festés, hajfestés

E

each minden
ear fül
earache fülfájás
ear drops fülcsepp
early korán
earring fülbevaló
east kelet
Easter Húsvét
easy könnyű
eat, to enni
eat out, to étteremben enni
egg tojás
eight nyolc
eighteen tizennyolc
eighth nyolcadik
eighties nyolcvanas évek

eighty nyolcvan
elastic rugalmas
elastic bandage rugalmas fásli
Elastoplast sebtapasz
electric(al) elektromos
electrical appliance elektromos készülék
electricity áram
electronic elektromos
elevator lift
eleven tizenegy
embankment (river) folyópart
embarkation point hajóállomás
emerald smaragd
emergency szükséghelyzet
emergency exit vészkijárat
emery board körömreszelő
empty üres
enamel zománc
end vége
engaged (phone) foglalt
engagement ring eljegyzési gyűrű
engine (car) motor
England Anglia
English angol
enjoy, to jól érezni magát
enjoy oneself, to jól érezni magát
enlarge, to kinagyítani
enough elég
enquiry információ
entrance bejárat
entrance fee belépő
envelope boríték
equipment felszerelés

eraser radír
escalator mozgólépcső
Europe Európa
evening este
evening dress alkalmi öltözet;
   (**woman**) estélyi ruha
everything minden
examine, to megvizsgálni
exchange, to kicserélni
exchange rate áváltási árfolyam
excursion kirándulás
excuse, to elnézést kérni
exercise book füzet
exhaust pipe kipuffogó
exhibition kiállítás
exit kijárat
expect, to várni
expenses költség
expensive drága
exposure (photography) kép
exposure counter kioldásszámláló
express expressz
expression kifejezés
expressway autópálya
extension (phone) mellék
extension cord/lead hosszabbító
external külső
extra pót; még egy
eye szem
eyebrow pencil szemöldökceruza
eye drops szemcsepp
eyeliner szemceruza
eye shadow szemfesték
eyesight látás
eye specialist szemész

F

fabric (cloth) szövet
face arc
face pack arcpakolás
face powder púder
factory gyár
fair vásár
fall (autumn) ősz
fall, to elesni
family család
fan ventillátor
fan belt ékszíj
far távol, messze
fare viteldíj
farm tanya
fat (meat) zsír
father édesapa
faucet csap
February február
fee (doctor) kezelési költség
feeding bottle cumisüveg
feel, to (physical state) érezni
felt file
felt-tip pen filctoll
ferry komp
fever láz
few kevés; (**a**) néhány
field mező
fifteen tizenöt
fifth ötödik
fifty ötven
fig füge
file (tool) reszelő
fill in, to kitölteni
filling (tooth) tömés

filling station benzinkút
film film
film winder filmtekercselő
filter szűrő
filter-tipped filteres
find, to találni
fine (OK) jó ; **fine arts** szépművészet
finger ujj
finish, to vége van
Finland Finnország
fire tűz
first első
first-aid kit elsősegélyláda
first class első osztály
first course előétel
first name keresztnév
fish hal, halétel
fish, to horgászni
fishing horgászat
fishing tackle horgászfelszerelés
fishmonger's halkereskedés
fit, to jól/rosszul állni
fitting room próbafülke
five öt
fix, to megjavítani, rendbe hozni
flannel flanel
flash (photography) vaku
flash attachment vaku
flashlight zseblámpa
flat lapos (talpú)
flat tyre defektes gumi
flea market bolhapiac
flight járat
floor emelet

floor show műsor
florist's virágbolt
flour liszt
flower virág
flu influenza
fluid folyadék
fog köd
folding chair kempingszék
folding table kempingasztal
folk music népzene
follow, to követni
food étel
food box ételdoboz
food poisoning ételmérgezés
foot lábfej
football futball, labdarúgás
foot cream lábkenőcs
footpath ösvény
for -ért; -ig
forbid, to tiltani
forecast (weather) időjárásjelentés
forest erdő
forget, to elfelejteni
fork villa
form (document) űrlap; bejelentőlap
fortnight két hét
fortress erőd
forty negyven
foundation cream alapozó
fountain szökőkút
fountain pen töltőtoll
four négy
fourteen tizennégy
fourth negyedik

fowl szárnyasok
frame (glasses) keret
France Franciaország
free szabad; ingyenes; díjtalan
French bean zöldbab
french fries hasábburgonya, sült krumpli
fresh friss
Friday péntek
fried sült
fried egg tükörtojás
friend barát(nő)
fringe frufru
frog béka
from -ból, -ből
front elöl
front utcai oldalon
frost fagy
fruit gyümölcs
fruit salad gyümölcs saláta
fruit juice gyümölcslé
frying pan serpenyő
full tele
full board teljes ellátás
full insurance teljeskörű biztosítás
furniture bútor
furrier's szőrmekereskedés

G

gabardine gabardin
gallery galéria
game játék; **(food)** vadétel
garage (repairs) autójavító műhely
garden kert
gardens park

garlic fokhagyma
gas(leak) gáz(szivárgás)
gasoline benzin
gastritis gyomorhurut
gauze géz
gem ékkő
general általános
general delivery poste restante
general practitioner általános orvos
genitals nemi szervek
genuine valódi
geology geológia
Germany Németország
get, to (find) találni; eljutni; kapni; **(call)** hívni; **(go)** eljutni
get off, to leszállni
get to, to eljutni; érkezni
get up, to felkelni
gherkin uborka
gift ajándék
gin gin
gin and tonic gin tonikkal
girdle öv
girl lány; **(child)** kislány
girlfriend barátnő
give, to adni
give way, to (traffic) elsőbbséget adni
gland mirigy
glass pohár
glasses szemüveg
gloomy borongós
glove kesztyű
glue ragasztó

go, to menni
go away, to távozni
gold arany
golden arany
gold plate aranyozott
golf golf
golf course golfpálya
good jó
goodbye viszontlátásra
goose liba
gooseberry egres
gram gramm
grammar book nyelvtankönyv
grape szőlő
grapefruit grapefruit
grapefruit juice grapefruitlé
gray szürke
graze horzsolás
greasy zsíros
great (excellent) nagyszerű
Great Britain Nagy-Britannia
Greece Görögország
green zöld
green bean zöldbab
greengrocer's zöldséges
greeting köszönés
grey szürke
grilled roston sült
grocery élelmiszerbolt
groundsheet sátorlap
group csoport
guide idegenvezető
guidebook útikalauz, útikönyv
gum (teeth) fogíny
gynaecologist nőgyógyász

H

hair haj
hairbrush hajkefe
haircut hajvágás
hairdresser's fodrászat
hair dryer hajszárító
hairgrip hajcsat
hair lotion hajbalzsam
hair slide hajcsat
hairspray hajlakk
half fél
half fél, fele
half an hour fél óra
half board félpanzió, napi két
  étkezés
half price (ticket) félárú jegy
hall (large room) terem
hall porter portás
ham sonka
ham and eggs sonka tojással
hammer kalapács
hammock függőágy
hand kéz
handbag táska
hand cream kézkrém
handicrafts kézművesség
handkerchief zsebkendő
handmade kéziszövésű
hanger akasztó
happy boldog
harbour kikötő
hard kemény
hard-boiled (egg) kemény
  (tojás)
hardware store vasedény bolt

hat kalap
have, to birtokolni
hay fever szénanátha
hazelnut mogyoró
he ő
head fej
headache fejfájás
headphones fülhallgató
head waiter főpincér
health insurance (beteg)
  biztosítás
health insurance form (beteg)
  biztosítási ív
heart szív
heart attack szívinfarktus
heating fűtés
heavy nehéz
heel sarok
helicopter helikopter
hello! szia **(phone)** halló
help segítség
help! segítség!
help, to segíteni
her az Ő...
here itt
high (blood pressure) magas
high season főszezon
hill hegy
hire kölcsönzés
hire, to bérelni, kölcsönözni;
  (for hire) kiadó
his az ő...
history történelem
hitchhike, to stoppolni
hold on! (phone) tartsa a vonalat

hole lyuk
holiday ünnepnap
holidays szabadság
home address lakcím
honey méz
hope, to remélni
hors d'oeuvre előétel
horseback riding lovaglás
horse racing lóversenyzés
hospital kórház
hot meleg; forró
hotel szálloda
hotel guide szállodajegyzék
hotel reservation szállodai
  szobafoglalás
hot water meleg viz; forró viz
hot-water bottle
  ágymelegítő
hour óra
house ház
household háztartás
how hogy
how far milyen messze
how long mennyi ideig, meddig
how many mennyi, hány
how much mennyi
hundred száz
Hungarian magyar
Hungary Magyarország
hungry, to be éhes(nek) lenni
hunt, to vadászni
hurry (to be in a) sietni
hurt, to fájni; **(oneself)** megütni,
  megsérülni
husband férj

I

I én
ice jég
ice-cream fagylalt
ice cube jégkocka
ice pack hűtőtáska
ill beteg
illness betegség
important fontos
imported import
impressive lenyűgöző
in -ban, -ben
include, to magában foglalni
  (benne van)
included, to be benne van
India India
indigestion gyomorrontás
indoor (swimming pool) fedett
inexpensive olcsó
infect, to fertőzni
infection fertőzés
inflammation gyulladás
inflation infláció
inflation rate inflációs ráta
influenza influenza
information információ
injection injekció
injure, to megsérülni
injured sérült
injury sérülés
ink tinta **inn** csárda
inquiry információ
insect bite rovarcsípés
insect repellent rovarirtó
insect spray rovarirtó spray

inside bent
instead helyett
insurance biztosítás
insurance company biztosító
  (társaság)
interest kamat
interested, to be érdeklődni
interesting érdekes
international nemzetközi
interpreter tolmács
intersection keresztút
introduce, to bemutatni
introduction (social)
  bemutatkozás
investment befektetés
invitation meghívás
invite, to meghívni
invoice számla
iodine jód
Ireland Írország
Irish ír
iron (laundry) vasaló
iron, to kivasalni
ironmonger's vasáru bolt
Italy Olaszország
its az ő
ivory elefántcsont

J

jacket (man) zakó;
(woman) blézer **jade** jáde
jam lekvár
jam, to beszorulni; megakadni
January január
Japan Japán

jar üveg
jaundice sárgaság
jaw állkapocs
jazz dzsessz
jeans farmer
jewel box ékszeres doboz
jeweller's ékszerbolt
jewellery ékszer
joint ízület
journey utazás; út
juice lé
July július
June június
just (only) csak

K

kerosene petróleum
key kulcs
kidney vese
kilo(gram) kiló (gramm)
kilometre kilométer
kind kedves
knee térd
knife kés
know, to tudni; ismerni

L

label címke
lace csipke
lady nő
lake tó
lamp lámpa
lantern lámpás
large nagy
last utolsó; múlt

last name (családi) név
late későn
later később
laugh, to nevetni
launderette mosoda
laundry (place) patyolat, mosoda;
  (clothes) mosnivaló
laundry service mosoda
laxative hashajtó
lead (metal) ólom
leap year szökőév
leather bőr
leave, to (depart) indulni; elmenni;
  (deposit) hagyni
leave alone, to békén hagyni
left bal
left-luggage office
  poggyászmegőrző
leg láb
lemon citrom
lemonade limonádé
lemon juice citromlé
lens (glasses) lencse; **(camera)**
  lencse
lens cap lencsefedő
lentil lencse
less kevesebb
lesson lecke
let, to (hire out) kiadó
letter levél
letter box postaláda
letter of credit hitellevél
lettuce saláta
level crossing vasúti átjáró
library könyvtár

licence (permit) jogosítvány
lie down, to lefeküdni
life belt mentőöv
life boat mentőcsónak
lifeguard (vízi)mentőszolgálat, úszómester
lift lift
light könnyű; **(color)** világos
light világítás; fény; **(cigarette)** tűz
lighter öngyújtó
lighter fluid öngyújtó benzin
lighter gas öngyújtó gáz
light meter fénymérő
lightning villámlás
like, to szeretni; **(take pleasure)** tetszeni
linen (cloth) vászon
lip ajak
lipsalve szőlőzsír
lipstick rúzs
liqueur likőr
listen, to (meg) hallgatni
litre liter
little (a) egy kis
live, to élni
liver máj
local helyi
London London
long sokáig; hosszú
long-sighted távollátó
look, to nézelődni; nézni
look for, to keresni
look out! vigyázat
loose (clothes) bő

lose, to elveszteni
loss veszteség
lost, to get eltévedni
lost and found office talált tárgyak irodája/hivatala
lost property office talált tárgyak irodája/hivatala
lot (a) sok
lotion arcszesz
loud (voice) hangos
love, to szeretni
lovely gyönyörű
low alacsony
lower alsó
low season holt szezon
luck szerencse
luggage csomag, poggyász
luggage locker poggyászmegőrző
luggage trolley poggyász (kézi) kocsi
lump (bump) csomó
lunch ebéd
lung tüdő

M

machine gép
magazine folyóirat
magnificent pompás
maid szobalány
mail posta
mail, to feladni
mailbox postaláda
main (most important) legfontosabb
make, to csinálni

make up, to (prepare) elkészíteni
make-up remover pad make-up eltávolító
man férfi
manager igazgató
manicure manikűr
many sok
map térkép
March március
marjoram majoránna
market piac
married házas
mass (church) mise
match gyufa; **(sport)** meccs
match, to (color) illeni
matinéé matiné
mattress matrac
mauve mályvaszínű
May május
may (can) -hat/-het
meadow rét
meal étkezés
mean, to jelenteni
means eszközök
measles kanyaró
measure, to megmérni
meat hús
meatball húsgombóc
mechanic szerelő
mechanical pencil töltőceruza
medical orvosi
medical certificate orvosi igazolás
medicine orvostudomány; **(drug)** gyógyszer/orvosság

medium (meat) közepesen kisütve
medium-sized közepes(méretű)
meet, to találkozni
melon dinnye
memorial emlékmű
mend, to megjavítani
menthol (cigarettes) mentolos
menu menü m; **(printed)** étlap
merry boldog
message üzenet
metre méter
mezzanine (theatre) erkély
middle középső; közepe
midnight éjfél
mild gyenge
mileage kilométer járulék
milk tej
milliard milliárd
million millió
mineral water ásványvíz
minister (religion) plébános
minute perc
mirror tükör
miscellaneous vegyes
Miss kisasszony
miss, to hiányzik
mistake hiba
moccasin mokasszin
modified American plan napi két étkezés/félpanzió
moisturizing cream hidratáló krém
moment pillanat
monastery kolostor

Monday hétfő	**N**
money pénz	**nail (human)** köröm
money order pénzbefizetés	**nail brush** körömkefe
month hónap	**nail clippers** körömolló
monument emlékmű	**nail file** körömreszelő
moon hold	**nail polish** körömlakk
moped moped	**nail polish remover** körömlakk lemosó
more több	**nail scissors** körömolló
morning reggel, délelőtt	**name** név
mortgage jelzálog	**napkin** szalvéta
mosque mecset	**nappy** pelenka
mosquito net szúnyogháló	**narrow** keskeny
mother édesanya	**nationality** nemzetiség
motorbike motorkerékpár	**natural history** természettudomány
motorboat motorcsónak	**nauseous, to feel** hányingere van
motorway autópálya	**near** közel
mountain hegy	**nearby** a közelben
moustache bajusz	**nearest** legközelebbi
mouth száj	**neat (drink)** tisztán
mouthwash szájvíz	**neck** nyak;(nape) nyak
move, to mozgatni	**necklace** nyaklánc
movie film	**necessary** szükséges
movie camera filmfelvevőgép	**need, to** szüksége van . . . -ra/-re
movies mozi	**needle** tű
much sok	**negative** negatív
mug bögre	**nephew** unokaöccs
mulberry szeder	**nerve** ideg
muscle izom	**nervous system** idegrendszer
museum múzeum	**never** soha
mushroom gomba	**new** új
music zene	**newsagent's** újságos
musical musical	**newspaper** újság
must kell	**newsstand** újságos
mustard mustár	**New Year** Újév
my az én	

New Zealand Új-Zéland
next következő; **jövő**
next time legközelebb
next to mellett
nice (beautiful) szép
niece unokahúg
night éjszaka
night club éjszakai klub
night cream éjszakai krém
nightdress hálóing
nine kilenc
nineteen tizenkilenc
ninety kilencven
ninth kilencedik
no nem
noisy zajos
nonalcoholic alkoholmentes
none egyik sem
nonsmoker nemdohányzó
noodle galuska
noon dél
normal normál
north észak
North America Észak-Amerika
Norway Norvégia
nose orr
nosebleed orrvérzés
nose drops orrcsepp
not nem
note (banknote) bankjegy, címlet
notebook jegyzettömb
note paper írólap
nothing semmi
notice (sign) felirat
notify, to értesíteni

November november
now most
number szám
nurse nővér
nutmeg szerecsendió

O

occupation foglalkozás
occupied foglalt
o'clock óra
October október
office iroda, hivatal
oil olaj
oily (greasy) zsíros
old öreg, régi
old town régi városnegyed
omelet omlett
on -on/-en/-ön; **(onto)** -rat-re; **on and off** változó
once egyszer
one egy
one-way (ticket) csak oda **(street)** egyirányú
on foot gyalog
onion hagyma
only csak
on time időben
onyx óniksz
open nyitva
open, to (ki)nyitni
open-air szabadtéri
opera opera
opera house opera(ház)
operation operáció
operator központ

operetta operett
opposite szemben
optician látszerész
or vagy
orange narancssárga
orange narancs
orange juice narancslé
orchestra zenekar;
  (seats) földszint
order (goods, meal) (meg)
  rendelés
order, to (goods, meal) (meg)
  rendelni
ornithology madártan
other egyéb, más
our a mi…
out of order nem működik
out of stock elfogyott
outlet (electric) konnektor
outside kint
oval ovális
overalls overall
overdone oda van égetve
overheat, to (engine) túlforrósodni
overnight (stay) éjszakára
overtake, to előzni
owe, to tartozni

P

pacifier (baby's) cumi
packet csomag
pail vödör
pain fájdalom
painkiller fájdalomcsillapító
paint festék

paint, to festeni
paintbox festékdoboz
painter festő
painting festészet
pair pár
pajamas pizsama
palace palota
palpitation szívdobogás
pancake palacsinta
panties bugyi
pants (trousers) nadrág
panty girdle harisnyatartó
panty hose harisnyanadrág
paper papír
paperback zsebkönyv
paperclip gemkapocs
paper napkin papírszalvéta
paraffin (fuel) petróleum
parcel csomag
pardon tessék
parents szülők
park park
park, to parkolni
parking parkolás
parking meter parkolóóra
parliament parlament
parsley petrezselyem
part rész
party (social gathering) parti
pass (mountain) hágó
pass, to (car) előzni
passport útlevél
passport photo útlevélkép
pass through, to átutazóban lenni
pasta tészta

paste (glue) ragasztó
pastry sütemény
pastry shop cukrászda
patch, to (clothes) megfoltozni
path ösvény
patient páciens
pay, to fizetni
payment fizetés, fizettség
pea zöldborsó
peach őszibarack
peak hegycsúcs
pear körte
pearl gyöngy
pedestrian gyalogos
peg (tent) cövek
pen toll
pencil ceruza
pencil sharpener hegyező
pendant függő
penicilliné penicillin
penknife zsebkés
pensioner nyugdíjas
people emberek
pepper bor; paprika [spice]
per cent százalék
percentage százalék
per day naponta, egy napra
perform, to (theatre) játszani
performance előadás
perfume kölni
perhaps talán
per hour óránként
period (monthly) menstruáció
period pains menstruációs
   fájdalmak

permanent wave tartós hullám
permit engedély
per night egy éjszakára
per person személyenként
person személy; fő
personal személyes
per week egy hétre/hetente
petrol benzin
pewter ón
pheasant fácán
photo fénykép, fotó
photocopy fénymásolat
photograph, to fényképezni
photographer fényképész
photography fényképészet
phrase kifejezés
pick up, to (person) felvenni
picnic piknik
picnic basket kosár
picture (painting) kép; (photo)
   fénykép
piece darab
pig malac
pike csuka
pill tabletta
pillow párna
pin tű
pineapple ananász
pink rózsaszín
pipe pipa
pipe cleaner pipatisztító
pipe tobacco pipadohány
pipe tool pipapiszkáló
place hely
place of birth születés helye

plane repülőgép
planetarium planetárium
plaster (cast) gipsz
plastic műanyag
plastic bag nylon szatyor
plate tányér
platform (station) vágány
platinum platina
play (theatre) darab
play, to játszani
playground játszótér
playing card kártya
please kérem
plimsolls tornacipő
plug (electric) dugó
plum szilva
pneumonia tüdőgyulladás
pocket zseb
pocket calculator zsebszámológép
pocket watch zsebóra
point, to (show) (meg) mutatni
poison méreg
poisoning mérgezés
police rendőrség
police station rendőrség
polish (nails) (köröm) lakk
pond tó
pop music popzene
poplin puplin/ballon
poppy mák
porcelain porcelán
pork sertés
port (hajó) állomás
portable hordozható
porter hordár; **(hotel)** hordár/boy

portion adag
Portugal Portugália
possible lehet
post (letters) posta
post, to feladni
postage postaköltség
postage stamp bélyeg
postcard képeslap
poste restante poste restante
post office posta
potato burgonya, krumpli
pottery cserépedény, kerámia
poultry szárnyas
pound (money) font;
　(weight) font
powder púder
powder compact púdertartó
powder puff púder pamacs
pregnant terhes
premium (gasoline) szuper
prescribe, to felírni
prescription recept
present ajándék
press, to (iron) vasalni
press stud patentgomb
pressure nyomás
pretty szép
price ár
priest pap
print (photo) kép
private külön, privát, magán,
processing (photo) előhívás
profession foglalkozás
profit profit
programme műsor (füzet)

prohibited tilos
pronunciation kiejtés
propelling pencil töltőceruza
propose, to ajánlani
Protestant református
provide, to biztosítani
public holiday hivatalos ünnep
pull, to húzni
pullover pulóver
puncture defektes gumi
purchase vétel
pure tiszta
purple bordó
push, to tolni
put, to tenni
pyjamas pizsama

Q

quality minőség
quantity mennyiség
quarter negyed; **(part of town)** negyed
quarter of an hour negyed
quartz quartz
question kérdés
quick gyors
quickly gyorsan
quiet csendes

R

rabbi rabbi
rabbit nyúl
race course/track pálya
racket (sport) ütők
radiator (car) hűtő

radio (set) rádió
railroad crossing vasúti átjáró
railway vasút
railway station pályaudvar, vasútállomás
rain eső
rain, to esni
raincoat esőkabát
raisin mazsola
rangefinder távolságmérő
rare (meat) nincs eléggé átsütve
rash kiütés
raspberry málna
rate (inflation) inflációs ráta;
    (exchange) átváltási árfolyam
razor borotva
razor blade borotvapenge
reading-lamp olvasólámpa
ready készen
real valódi
rear hátul
receipt blokk; elismervény
reception recepció
receptionist recepciós
recommend, to ajánlani; ajánlani
record (disc) lemez
record player lemezjátszó
rectangular négyszögletes
red vörös, piros
redcurrant ribizli
reduction kedvezmény
refill (pen) tollbetét
regards üdvözlet
register, to (luggage) feladni
registered mail ajánlva

registration bejelentkezés
registration form bejelentőlap
regular (petrol) normál
religion vallás
religious service egyházi
  szolgáltatás/szertartás
rent, to bérelni
rental kölcsönzés
repair javítás
repair, to megjavítani
repeat, to megismételni
report, to (a theft) bejelenteni
required szükséges
reservation szobafoglalás,
  jegyfoglalás, helyfoglalás
reserve, to foglalni
restaurant étterem, vendéglő,
return (ticket) oda-vissza
return, to (give back) visszaad
reverse the charges, to
  beszélgetést kérni
rheumatism reuma
rib borda
ribbon szalag
rice rizs
right jobb;**(correct)** helyes
ring (on finger) gyűrű
ring, to (doorbell) csengetni;
  (phone) telefonálni
river folyó
 road út
road assistance autómentő
road map autótérkép
road sign közlekedési tábla
roasted sült

roll (bread) zsemle
roller skate görkorcsolya
roll film tekercs film
room szoba;**(space)** hely
room number szoba szám
room service felszolgálás a
  szobában
rope kötél
rosary rózsafűzér
rosemary rozmaring
round kerek
round (golf) játszma
round-neck kereknyakú
roundtrip oda-vissza
route útvonal
rowing-boat evezős csónak
royal királyi
rubber (material) gumi; **(eraser)**
  radír
ruby rubint
rucksack hátizsák
ruin rom
ruler (for measuring) vonalzó
rum rum
running water folyó víz

S

safe (not dangerous) biztonságos
safe széf
safety pin biztosítótű
saffron sáfrány
sailing-boat vitorlás
salad saláta
sale eladás;**(bargains)** kiárusítás
salt só

salty sós
sand homok
sandal szandál
sandwich szendvics
sanitary towel/napkin
   papírtörülköző
sapphire zafír
satin szatén
Saturday szombat
sauce mártás
saucepan nyeles serpenyő
saucer kistányér
sausage virsli, kolbász
say, to mondani
scarf sál
scarlet skarlátvörös
scenic route szép útvonal
school iskola
scissors olló
scooter robogó
Scotland Skócia
scrambled egg rántotta
screwdriver csavarhúzó
sculptor szobrász
sculpture szobrászat
season évszak
seasoning fűszer
seat hely
seat belt biztonsági öv
second második
second másodperc
second class másodosztály
second hand másodpercmutató
second-hand használt
secretary titkárnő

see, to látni, nézni
sell, to árulni
send, to küldeni;feladni
send up, to felküldeni
sentence mondat
separately külön-külön
September szeptember
seriously (wounded) súlyosan
service kiszolgálás;szolgáltatás
   (church) szertartás
serviette szalvéta
set (hair) berakni
set menu napi menü
setting lotion fixatőr
seven hét
seventeen tizenhét
seventh hetedik
seventy hetven
sew, to varrni
shampoo sampon
shampoo and set mosás és
   berakás
shape forma
share (finance) részvény
sharp (pain) éles
shave, to borotválni
shaver borotva
shaving brush borotvapamacs
shaving cream borotvakrém
she ő
shelf polc
ship hajó
shirt ing
shivery, to feel rázza a hideg
shoe cipő

shoelace cipőfűző
shoemaker's cipész
shoe polish cipőkrém
shoe shop cipőbolt
shop üzlet, bolt
shopping vásárlás
shopping area vásárló negyed
shop window kirakat
shopping centre bevásárló központ
short rövid
shorts sort
short-sighted rövidlátó
shoulder váll, lapocka
shovel lapát
show előadás, műsor
show, to (meg) mutatni
shower zuhanyozó
shrink, to összemenni
shut zárva
shutter (window) zsalu; **(camera)** zár
sick (ill) beteg
sickness (illness) betegség
side oldal
sideboards/burns pajesz
sightseeing városnézés
sightseeing tour városnéző körút
sign (notice) felirat;**(road)** jelzőlámpa
sign, to aláírni
signature aláírás
signet ring pecsétgyűrű
silk selyem
silver (color) ezüstszínű

silver ezüst
silver plate ezüstözött
silverware ezüst evőeszköz
simple egyszerű
since óta
sing, to énekelni
single (woman/man) hajadon/ nőtlen
single (ticket) csak oda
single room egyágyas szoba
sister lánytestvér
sit down, to leülni
six hat
sixteen tizenhat
sixth hatodik
sixty hatvan
size (format) méret; **(clothes)** méret; **(shoes)** méret
skate korcsolya
skating rink korcsolyapálya
ski si
ski, to síelni
skiing síelni
skin bőr
skin-diving equipment búvárfelszerelés
skirt szoknya
sky ég
sleep, to aludni
sleeping bag hálózsák
sleeping-car hálókocsi
sleeping pill altató
sleeve (ruha) ujj
slice (ham) szelet
slide (photo) dia

slip kombiné
slipper papucs
slow lassú
slow down, to lassítani
slowly lassan
small kicsi, kis
smoke, to dohányozni
smoker dohányzó
snack gyorsétkezés/snack
snack bar büfé
snap fastener patent
sneakers tornacipő
snorkel búvárpipa
snow hó
snow, to havazni
snuff tubák
soap szappan
soccer futball, labdarúgás
sock zokni
socket (outlet) konnektor
soft lágy
soft (drink) üdítő
soft-boiled (egg) lágy(tojás)
sold out (theatre) minden jegy elkelt
sole talp
soloist szólista
someone valaki
something valami
somewhere valahol
son fia
song dal
soon hamarosan
sore (painful) érzékeny
sore throat torokfájás

sorry sajnálom
sort (kind) fajta
soup leves
south dél
South Africa Dél-Afrika
South America Dél-Amerika
souvenir souvenir
souvenir shop souvenir bolt
Soviet Union Szovjetúnió
spade lapát
Spain Spanyolország
spare tyre tartalékgumi
sparking plug gyújtógyertya
speak, to beszélni
speaker (loudspeaker) hangfal
special speciális
special delivery expressz
specialist szakorvos
speciality különlegesség
specimen (medical) minta
spectacle case szemüvegtok
spell, to elbetűzni
spend, to költeni
spice fűszer
spinach spenót
spine gerinc
sponge szivacs
spoon kanál
sport sport
sporting goods shop sportszerkereskedés
sprain, to kificamodni
spring (season) tavasz; **(water)** forrás
square négyzet alakú

square tér
stadium stadion
staff személyzet
stain folt
stainless steel rozsdamentes acél
stalls (theatre) földszint
stamp (postage) bélyeg
staple U-kapocs
star csillag
start, to kezdődni; **(car)** beindulni
starter (appetizer) előétel
station (railway) pályaudvar; állomás **(underground, subway)** metróállomás
stationer's papír-írószer bolt
statue szobor
stay, to maradni; **(reside)** lakni
steal, to ellopni
stew pörkölt
stewed pörköltnek, főtt
stiff neck nyakmerevedés
sting csípés
sting, to megcsípni
stitch, to megvarrni
stock, out of (in shop) elfogyott
stocking harisnya
stomach gyomor
stomach ache gyomorfájás
stools széklet
stop (bus) (busz) megálló
stop! álljon meg!
stop, to megállni
stop thief! fogják meg, tolvaj!
store (shop) üzlet, bolt

straight (drink) tisztán
straight ahead egyenesen tovább
strange furcsa
strawberry eper
street utca
streetcar villamos
street map (város) térkép
string zsineg
strong erős
student diák
study, to tanulni
stuffed töltött
sturdy szilárd
subway (railway) metró
suede antilopbőr
sugar cukor
suit (man) öltöny; **(woman)** kosztüm
suitcase bőrönd
summer nyár
sun nap
sunburn leégés
Sunday vasárnap
sunglasses napszemüveg
sunny napos
sunshade (beach) napernyő
sunstroke napszúrás
sun-tan cream napozókrém
sun-tan oil napolaj
super (petrol) szuper
superb kiváló
supermarket ABC-áruház
suppository kúp
surgeon sebész

surgery (consulting room) orvosi rendelő
surname (családi) név
suspenders (Am.) nadrágtartó
swallow, to lenyelni
sweater kardigán
sweatshirt hosszúujjú póló
Sweden Svédország
sweet édes
sweet (candy) cukorka
sweet corn kukorica
sweetener szacharin
swell, to bedagadni
swelling duzzanat
swim, to úszni, fürdeni
swimming úszás; fürdés
swimming pool uszoda
swimming trunks úszónadrág
swimsuit fürdőruha
switch (light) kapcsoló
switchboard operator telefonközpontos
switch on, to (light) felkapcsolni
Switzerland Svájc
swollen bedagadt
synagogue zsinagóga
synthetic szintetikus
system rendszer

T

table asztal
tablet tabletta
tailor's szabó
take, to vinni; kivenni; tartani; megvenni; hordani

take away, to (carry) elvinni
talcum powder púder
tampon tampon
tangerine mandarin
tap (water) csap
tape recorder (kazettás) magnó
taxi taxi
tea tea
team csapat
tear, to elszakadni
teaspoon kávéskanál
telegram távirat
telegraph office távíróhivatal
telephone telefon
telephone, to telefonálni
telephone booth telefonfülke
telephone call telefonbeszélgetés
telephone directory telefonkönyv
telephone number telefonszám
telephoto lens teleobjektív
television (set) televízió, TV
telex telex
telex, to telexezni
tell, to megmondani
temperature (fever) láz
temporary ideiglenes
ten tíz
tendon in
tennis tenisz
tennis court teniszpálya
tennis racket teniszütő
tent sátor
tenth tizedik

tent peg sátorcövek
tent pole sátorcölöp
term (word) kifejezés
terrace terasz
terrifying rémisztő
tetanus tetanusz
than mint
thank you köszönöm
the a, az
theatre színház
theft lopás
their az Ő…
then aztán
there ott
thermometer hőmérő, lázmérő
they ők
thief tolvaj
thigh comb
thin vékony
think, to gondolni;
   (believe) hinni
third harmadik
third harmad
thirsty, to be szomjas (nak) lenni
thirteen tizenhárom
thirty harminc
thousand ezer
thread cérna
three három
throat torok
throat lozenge torokfájás elleni
   cukorka
through keresztül, át
through train gyorsvonat
thumb hüvelyk

thumbtack rajzszeg
thunder mennydörgés
thunderstorm vihar
Thursday csütörtök
thyme kakukkfű
ticket jegy; (bus) jegy
ticket office jegypénztár
tie nyakkendő
tie clip nyakkendő csíptető
tie pin nyakkendőtű
tight (clothes) szűk
tights harisnyanadrág
time idő
timetable menetrend
tin (can) konzerv
tinfoil alufólia
tin opener konzervnyitó
tint festék
tinted füstszínű
tire (autó) gumi
tired fáradt
tissue (handkerchief)
   papírzsebkendő
to -ba, -be, felé
toast pirítós
tobacco dohány
tobacconist's dohánybolt
today ma
toe lábujj
toilet (lavatory) W.C.
toilet paper W.C. papír
toiletry kozmetikumok
toilet water kölnivíz
tomato paradicsom
tomato juice paradicsomlé

tomb sir
tomorrow holnap
tongue nyelv
tonight ma este
tonsil mandula
too túl; **(also)** is
tooth fog
toothache fogfájás
toothbrush fogkefe
toothpaste fogkrém
top teteje, felül
topaz topáz
torch (flashlight) zseblámpa
torn elszakadt
touch, to érinteni
tough (meat) rágós, kemény
tour városnézés
tourist office utazási iroda
tourist tax területhasználati díj
towards felé
towel törülköző
tower torony
town város
town hall városháza
tow truck szervizkocsi, autómentő
toy játék
toy shop játékbolt
track (station) vágány
tracksuit melegítő
traffic közlekedés, forgalom
traffic light jelzőlámpa
trailer lakókocsi
train vonat
tram villamos
tranquillizer nyugtató,

transfer (bank) átutalás
transformer transzformátor
translate, to (lejfordítani
transport közlekedés
travel, to utazni
travel agency utazási iroda
travel guide útikalauz
traveler's cheque traveler's csekk
traveling bag táska
travel sickness hányinger
treatment kezelés
tree fa
tremendous fantasztikus
trim, to (beard) kiigazítani
trip út; utazás
trolley poggyász (kézi) kocsi
trousers nadrág
trout pisztráng
try, to felpróbálni
T-shirt póló
tube tubus
Tuesday kedd
tuna tonhal
turkey pulyka
turn, to fordulni
turnip fehérrépa
turquoise türkiz
turquoise türkiz
turtleneck garbó
tweezers csipesz
twelve tizenkettő
twenty húsz
twice kétszer
twin bed ikerágy
two kettő

typewriter írógép
typing paper gépíró papír
tyre gumi

U

ugly csúnya
umbrella esernyő; **(beach)** napernyő
uncle nagybácsi
unconscious, to be eszméletét veszteni
under alatt
underdone (meat) félig átsütve
underground (railway) metró
underpants alsónadrág, bugyi
undershirt atlétatrikó
understand, to érteni
undress, to levetkőzni
United States Egyesült Államok
university egyetem
unleaded ólommentes
until -ig
up fel
upper felső
upset stomach gyomorrontás
upstairs fent
urgent sürgős
urine vizelet
use, to használni
useful hasznos

V

vacancy szabad szoba
vacant szabad
vacation szabadság

vaccinate, to beoltani
vacuum flask termosz
vaginal hüvely
vaginal infection hüvelyfertőzés
valley völgy
value érték
vanilla vanília
veal borjú
vegetable főzelék
vegetable store zöldséges
vegetarian vegetáriánus
vein ér, véna
velvet bársony
velveteen gyapjúbársony
venereal disease nemi betegség
venison őz
vermouth vermut
very nagyon
vest atlétatrikó; **(Am.)** mellény
veterinarian állatorvos
video cassette video kazetta
video recorder videomagnó
view kilátás
village falu
vinegar ecet
vineyard szőlőskert
visiting hours látogatási idő
vitamin pills vitamin
V-neck V-nyakú
vodka vodka
volleyball röplabda
voltage feszültség
vomit, to hányni

W

waistcoat mellény
wait, to várni
waiter pincér
waiting room váróterem
waitress pincérnő; kisasszony
wake, to felébreszteni
Wales Wales
walk, to gyalogolni; gyalog menni
wall fal
wallet pénztárca
walnut dió
want, to (wish) akarni
warm meleg
wash to kimosni, lemosni
washable mosható
wash basin mosdó
washing powder mosószer
washing-up liquid felmosószer
watch óra
watchmaker's órás
watchstrap óraszíj
water viz
waterfall vízesés
water flask kulacs
watermelon görögdinnye
waterproof (watch) vízálló
water ski vízisí
wave hullám
way út
we mi
weather időjárás
weather forecast időjárás-jelentés

wedding ring jegygyűrű
Wednesday szerda
week hét
weekend hétvége
well (healthy) jól
well-done (meat) jól megsütve
west nyugat
what mi; mit
wheel kerék
when mikor
where hoi
which melyik
whipped cream tejszínhab
whisky whisky
white fehér
who ki
whole egészben
why miért
wick kanóc
wide széles
wide-angle lens nagy látószögű lencse
wife feleség
wig paróka
wild boar vaddisznó
wind szél
window ablak; **(shop)** kirakat
windscreen/shield szélvédő
windsurfer surf
wine bor
wine list itallap
wine merchant's bor szaküzlet
winter tél
winter sports téli sportok
wiper ablaktörlő

wish (jó) kívánság
wish, to kívánni
with -val, -vel
withdraw, to (bank) kivenni
without nélkül
woman nő
wonderful csodálatos
wood (forest) erdő
wool gyapjú
word szó
work, to (function) működni
working day munkanap
worse rosszabb
worsted kamgarn-szövet
wound seb
wrap up, to becsomagolni
wrapping paper csomagoló papír
wristwatch karóra
write, to írni
writing pad jegyzettömb
writing-paper levélpapír
wrong helytelen, rossz

X

X-ray (photo) röntgen

Y

year év
yellow sárga
yes igen
yesterday tegnap
yet még
yield, to (traffic) elsőbbségnyújtás kötelező
yoghurt joghurt
you te, ön
young fiatal
your a te...; a ti...
youth hostel ifjúsági szállás
Yugoslavia Jugoszlávia

Z

zero nulla
zip(per) cipzár
zoo állatkert
zoology zoológia

Hungarian–English

A

a mi... our
a, az the
ABC-áruház supermarket
ábécé alphabet
ablak (shop) **kirakat** window
adag portion
adapter adaptor
adni give, to
áfonya blueberry
Afrika Africa
ágy szoba reggelivel bed and breakfast
ágytál bedpan
ajak lip
ajándék gift
ajándék present
ajánlani propose, to
ajánlani recommend, to
ajánlva registered mail
ajtó door
akarni want, to
akasztó hanger
akkumulátor (car)
alacsony low
aláírás signature
alatt below
alatt under
alkohol alcohol
alkoholmentes non-alcoholic
állandó constant
állat animal
állatkert zoo

állatorvos veterinarian
allergiás allergic
álljon meg! stop!
állkapocs jaw
alma apple
almaié apple juice
alsó lower
alsónadrág, bugyi underpants
általános general
általános orvos general practitoner
altató sleeping pill
aludni sleep, to
alufólia tinfoil
alul bottom
Amerika America
amerikai American
ametiszt amethyst
ananász pineapple
Anglia England
angol English
antibiotikum antibiotic
antilopbőr suede
apátság abbey
aperitif aperitif
április April
apró change (money)
ár price
áram electricity
arany gold
arany golden
aranyozott gold plate
arc face

arcpakolás face pack
arcszesz lotion
áruház department store
árulni sell, to
ásványvíz mineral water
aszpirin aspirin
asztal table
asztma asthma
átalakítani alter, to (garment)
átkelés crossing (by sea)
atlétatrikó undershirt
átszállás connection (train)
átutalás (bank) transfer
átváltás conversion
átváltási jutalék commission
augusztus August
ausztrál Australian
Ausztrália Australia
Ausztria Austria
autókölcsönzés car hire
autókölcsönzés car rental
automata automatic
autópálya expressway
autópálya motorway
autórádió car radio
autóversenyzés car racing
áváltási árfolyam exchange rate (currency)
away, go go
az ő… his/her
azonnal at once
Ázsia Asia
aztán then

B

bőr leather
bőr skin
bőrönd suitcase
bab bean
baba doll
babérlevél bay leaf
bajusz moustache
bal left
baleset accident
balett ballet
banán banana
bank bank (finance)
bankjegy banknote
bankszámla account
bár; tábla bar (chocolate)
barát boyfriend
barát(nő) friend
barátnő girlfriend
barlang cave
barna brown
bársony velvet
bébiétel baby food
bedagadt swollen
befektetés investment
bejárat entrance
bejelentőlap registration form
bejelentkezés check-in
bejelentkezni (becsekkelni) check in, to
béka frog
bél bowel
belépés admission
belépő entrance fee
Belgium Belgium

belváros downtown
bélyeg postage stamp
bemosás color rinse
bemosó sampon color shampoo
bemutatni introduce, to
bent inside
benzin gasoline; petrol
benzinkút filling station
beoltani vaccinate, to
bérelni rent, to
bérelni, kölcsönözni; (for hire)
  kiadó hire, to
bérleti díj; költség charge
beszárítás blow-dry
beszélni speak, to
beteg ill
beteg sick
betegség disease
betegség illness
beváltani cash, to
bevásárló központ shopping
  center
bíróság court house
birtokolni have, to
biztonsági öv seat belt
biztosítani provide, to
biztosítás insurance
(beteg) biztosítás health
  insurance
(beteg) biztosítási health
  insurance form
blúz blouse
bögre mug
boka ankle
boksz boxing

ból, -ből from
boldog happy; merry
bolhapiac flea market
bor wine
bor; paprika [spice] pepper
borbély barber's
borda rib
bordó purple
boríték envelope
borjú veal
bőrkeeltávolító cuticle remover
borongós gloomy
borostyán amber
borotva razor
borotva shaver
borotvakrém shaving cream
borotválkozás utáni arcszesz
  after-shave lotion
borotválni shave, to
borotvapenge razor blade
borzasztó awful
botanika botany
botanikus kert botanical
  gardens
brit, angol British
bross brooch
bugyi panties
burgonya krumpli potato
busz autóbusz bus
buszmegálló bus stop
butángáz butane gas
bútor furniture
búvárpipa snorkel

C

cékla beet(root)
centiméter centimetre
cérna thread
ceruza pencil
cigaretta cigarette
cigaretta szipka cigarette holder
cigarettatárca cigarette case
cím address
címke label
címregiszter address book
cipő shoe
cipőbolt shoe shop
cipőfőző shoelace
cipőkrém shoe
cipész shoemaker's
cipzár zip(per)
citrom lemon
comb thigh
csak just
csak only
család family
csap faucet; tap
csapat team
csat buckle
csavarhúzó screwdriver
csekk check [cheque]
csemege bolt delicatessen
csendes quiet
csengő bell (electric)
csepp drop (liquid)
cserépedény, kerámia pottery
cseresznye cherry
csésze cup
csillag star

csípés sting
csipesz tweezers
csipke lace
csirke chicken
csiszolt üveg cut glass
csizma boot
csodálatos wonderful
csokoládé chocolate
csokornyakkendő bow tie
csomag packet
csomag parcel
csomag, poggyász baggage;
  luggage
csomó lump
csont bone
csöpög drip to (tap)
csoport group
csuka pike
csúnya ugly
csütörtök Thursday
cukor sugar
cukorbeteg diabetic
cukorka sweet [candy]
cukrászda pastry shop
cum i pacifier (baby's)
cumi dummy
cumisüveg feeding bottle

D

dal song
Dánia Denmark
darab piece
darab play (theatre)
dátum (of birth) **születés ideje**
  date (day)

de but
december December
defekt breakdown
defektes gumi flat tyre;
   puncture
dél noon;
   south
Dél-Afrika South Africa
délután afternoon
depresszió elleni
   antidepressant
dezodor deodorant
diák student
diesel olaj diesel
digitális digital
dinnye melon
dinsztelt braised
dió walnut
diszkó discotheque
doboz box
dohány chewing tobacco
dohány tobacco
dohánybolt tobacconist's
dohányozni smoke, to
dohányzó smoker
dollár dollar
döntés decision
drága expensive
drapp, beige beige
dugó plug (electric)
dugóhúzó corkscrew
duzzanat swelling
dzseki anorak
dzsessz jazz

E

ebéd lunch
ebédelni, vacsorázni dine, to
ebédlő dining room
ébresztőóra alarm clock
ecet vinegar
édes sweet
édesanya mother
édesapa father
édesség, desszert dessert
édességbolt confectioner's
ég sky
égés burn
egészben whole
egészségére! cheers!
egres gooseberry
egy a
egy one
egy éjszakára per night
egy hétre/hetente per week
egy kis little (a)
egyágyas szoba single room
egyéb, más other
egyenesen tovább straight ahead
Egyesült Államok United States
egyetem university
egyik none
egyszer once
egyszerű simple
éhes(nek) lenni hungry, to be
éjfél midnight
éjszaka night
éjszakai klub nightclub
ékkő gem
ékszer jewelry

ékszerbolt jeweler's
ékszíj fan belt
előadás performance
előétel appetizer
előétel appetizer
előzni overtake, to
eladás; (bargains) kiárusítás sale
elbővölő amazing
eldugul block, to
elefántcsont ivory
elég enough
elégedetlen dissatisfied
eleje beginning
elektromos electric(al)
elektromos electronic
elektromos készülék electrical
  appliance
élelmiszerbolt grocery
elem battery
éles sharp (pain)
elesni fall, to
életkor age
elfelejteni forget, to
elfogadni accept, to
eljegyzési gyűrű engagement ring
eljutni; érkezni get to,
**ellenőriz (luggage)
  feladni** check, to
elnézést kérni excuse, to
élni live, to
előétel first course
előhívni develop, to
elöl front
előtt before (place)
elromlani break down, to

elsőbbségnyújtás kötelező
  yield, to
első first
első osztály first class
elsőbbséget adni give way, to
  (traffic)
elsősegélyláda first-aid kit
elszakadt torn
eltávozni check out, to
eltörni break, to
eltörött broken
elvámolni való declare something,
  to (customs)
elveszteni lose, to
emberek people
emelet floor
emlékmő memorial
emlékmő monument
én I
énekelni sing, to
engedély permit
enni eat, to
eper strawberry
építeni build, to
építész architect
építőkocka building blocks
épület building
ér, véna vein
erős strong
erősítő amplifier
érdekes interesting
erdő forest
érezni feel, to (physical state)
erkély balcony;
  circle (theatre)

érkezés arrival
érkezni arrive, to
érme coin
erőd fortress
ért; -ig for
érték value
érteni understand, to
érzékeny sore (painful)
érzéstelenítő anaesthetic
és and
eső rain
esőkabát raincoat
esernyő (beach) **napernyő** umbrella
esni rain, to
este evening
észak north
eszméletét veszteni unconscious, to be
étel dish
étel food
ételdoboz food box
ételmérgezés food poisoning
étkezés meal
étkezőkocsi dining car
étterem restaurant
étteremben enni eat out, to
Európa Europe
év year
evőeszköz cutlery
évszak season
évszázad century
évtized decade
expressz express
ezelőtt ago
ezer thousand

ezüst silver
ezüstszínő silver

F

főszer seasoning; spice
főtés heating
főzelék vegetable
fa tree
fácán pheasant
fagy frost
fagylalt ice-cream
fájdalom ache
fájdalom pain
fájdalomcsillapító painkiller
fal wall
falióra; óra clock
falu village
fantasztikus tremendous
fáradt tired
farmer jeans
faszén charcoal
február February
fedélzet deck (ship)
fehér white
fehérrépa turnip
fej head
fejfájás headache
fék brake
fekete black
fekete ribizli blackcurrant
fekete-fehér black and white
fékolaj brake fluid
fel up
fél; óra an hour
feladni post, to

félárú; jegy price (ticket)
felé towards
felébreszteni wake, to
feleség wife
felett above
felhő cloud
félig átsütve underdone (meat)
felírni prescribe, to
felkelni get up, to
felmosószer washing-up liquid
felső upper
felszerelés equipment
fent upstairs
fénykép, fotó photo
fényképész photographer
fényképezni photograph, to
fényképezőgép camera
fényképezőgép tok camera case
fénymásolat photocopy
férfi man
férj husband
fertőtlenítő antiseptic
fertőzés infection
fertőzni infect, to
fertőtlenítő disinfectant
fertőző contagious
fésű comb
festő painter
festék paint
festék tint
festékdoboz paintbox
festeni paint, to
festés, hajfestés dye
festészet painting
feszültség voltage

fia son
fiatal young
filctoll felt-tip pen
file felt
film film
film movie
filmfelvevőgép cine camera
filmpatron cartridge (camera)
filmtekercselő film winder
filteres filter-tipped
Finnország Finland
finom delicious
fiú boy
fiútestvér brother
fizetés, fizettség payment
fizetni pay, to
flanel flannel
fog tooth
fogamzásgátló contraceptive
fogfájás toothache
fogíny gum (teeth)
fogkefe toothbrush
fogkrém toothpaste
foglalkozás occupation
foglalkozás profession
foglalni reserve, to
foglalt engaged (phone)
foglalt occupied
fogorvos dentist
fogyókúra diet
fokhagyma garlic
földszint stalls (theater)
folt stain
folyadék fluid
folyó river

folyóirat magazine
folyópart embankment (river)
font pound (money)
fontos important
(le)fordítani translate, to
fordulni turn, to
forgalomelterelés detor (traffic)
forgalomelterelés diversion
  (traffic)
forma shape
fotó szaküzlet camera shop
főtt boiled
főtt tojás boiled egg
franciaágy double bed
Franciaország France
friss fresh
frufru bangs [fringe]
füge fig
függő pendant
függöny curtain
fül ear
fülbevaló earring
fülcsepp ear drops
fülfájás earache
fülhallgató headphones
fülke compartment
furcsa strange
fürdőruha swimsuit
fürdőhab bubble bath
fürdőköpeny bathrobe
fürdőruha bathing suit
fürdősapka bathing cap
fürdősó bath salts
fürdőszoba bath (hotel)
fürdőszoba bathroom

fürdőtörülköző bath towel
füstszínő tinted
futball, labdarúgás football
futball, labdarúgás soccer
füzet exercise book

G

gabardin gabardine
galéria gallery
gallér collar
galuska noodle
garbó turtleneck
gáz(szivárgás) gas(leak)
geológia geology
gép machine
gépkocsi car autó,
gerinc spine
gesztenye chestnut
géz gauze
gin gin
golf golf
golfpálya golf course
golyóstoll bail-point pen
gomb button
gomba mushroom
görcs cramp
görögdinnye watermelon
Görögország Greece
gramm gram
grapefruit grapefruit
grapefruitlé grapefruit juice
gratuláció congratulation
gumi tyre
gumimatrac air bed
gyakran használt common

(frequent)
gyalog on foot
gyalogolni; gyalog menni
  walk, to
gyalogos pedestrian
gyapjú wool
gyár factory
gyémánt diamond
gyenge mild
gyerek child
gyerekágy cot
gyermekorvos children's doctor
gyertya candle
gyógyszertár chemist's
gyógyszertár drugstore
gyomor stomach
gyomorfájás stomachache
gyomorhurut gastritis
gyomorrontás indigestion;
  upset stomach
gyöngy pearl
gyönyörő lovely
gyors quick
gyorsan quickly
gyorsétkezés/snack snack
gyulladás inflammation
gyümölcs fruit
gyümölcs saláta fruit salad
gyümölcslé fruit juice
gyűrődésmentes crease resistant

H

hőmérő, lázmérő thermometer
hagyma onion
hagyni deposit

hajcsat bobby pin
hajcsavar curler
hajó boat
hajó ship
hajóállomás embarkation point
hal, halétel fish
halál death
halkereskedés fishmonger's
hálóing nightdress
hálókocsi sleeping-car
hálózsák sleeping bag
hamarosan soon
hamutartó ashtray
hangos loud
hangversenyterem concert hall
hányinger travel sickness
hányni vomit, to
harisnya stocking
harisnyanadrág tights
harmad third
harmadik third
harminc thirty
három three
hashajtó laxative
hasmenés diarrhoea
használni use, to
használt second-hand
hasznos useful
hat six
hát back
hátfájás backache
hátizsák backpack
hátizsák rucksack
hatodik sixth
hatvan sixty

havazni snow, to
ház house
házas married
háztartás household
hegy hill; mountain
hegycsúcs peak
hegyező pencil sharpener
helikopter helicopter
hely place
hely seat
helyett instead
helyi local
helytelen, rossz wrong
hentes butcher's
hét seven
hét week
hetedik seventh
hétfő Monday
hétvége weekend
hetven seventy
hiba mistake
híd bridge
hideg cold
hideg sült hús cold cuts
hidratáló krém moisturizing cream
hitel credit
hitelkártya credit card
hivatalos ünnep public holiday
hívószám dialling code
hívószám, körzetszám area code
hó snow
hogy how
hol where
hold moon
holnap tomorrow

holt szezon low season
hólyag bladder
hólyaggyulladás cystitis
homok sand
hónap month
hordozható portable
horgászat fishing
horgászfelszerelés fishing tackle
horgászni fish, to
horzsolás graze
hosszabbító extension cord/lead
hosszúujjú póló sweatshirt
hozni bring, to
hullám wave
hús meat
húsgombóc meatball
Húsvét Easter
húsz twenty
hűtőláda cool box
hüvelyfertőzés vaginal infection
hüvelyk thumb
húzni pull, to

I
idő time
időjárás weather
időjárás-jelentés weather forecast
ideg nerve
idegenvezető guide
ideiglenes temporary
időjárásjelentés forecast (weather)
ifjúsági szállás youth hostel
igazgató manager
igazolás certificate (medical)
igen yes

ikerágy twin bed
import imported
in tendon
India India
indigó carbon paper
indulás departure
indulni leave, to
infláció inflation
influenza flu
információ enquiry; information
ing shirt
injekció injection
inni drink, to
ír Irish
irány direction
iránytő compass
írni write, to
iroda, hivatal office
Írország Ireland
is also
iskola school
ital, innivaló drink
itallap winelist
itt here
ivóvíz drinking water
izom muscle
ízület joint

J

január January
Japán Japan
járat flight
játék toy
játékbolt toy shop
játékkártya card game

játszani play, to
játszma round
játszótér playground
javítás repair
jég ice
jegy ticket
jegygyőrő wedding ring
jegyiroda booking office
jegypénztár ticket office
jegyzettömb notebook
jelzőlámpa traffic light
jelzálog mortgage
jó good
jó fine arts szépművészet fine (OK)
jobb better
jód iodine
joghurt yoghurt
jogosítvány driving licence
jól érezni magát enjoy, to
jól megsütve well-done (meat)
jól/rosszul állni fit, to
jönni come, to
Jugoszlávia Yugoslavia
július July
június June

K

kabala charm (trinket)
kabát coat
kábeles kioldó cable release
kabin bathing hut
kabin cabin (ship)
kacsa duck
kakukkfő thyme

kalap hat
kamara zene chamber music
Kanada Canada
kanadai Canadian
kanál spoon
kanóc wick
kanyar bend (road)
kanyar curve (road)
kanyaró measles
kapcsoló switch (light)
kápolna chapel
kapor dill
káposzta cabbage
kar arm
Karácsony Christmas
karát carat
karburátor carburettor
kardigán cardigan; sweater
karfiol cauliflower
karkötő bracelet
karlánc chain bracelet
karmester (orchestra)
karóra wristwatch
karperec bangle
karton (cigaretta) carton
  (of cigarettes)
kártya, névjegy card
katalógus catalogue
katedrális cathedral
katolikus Catholic
kávé (black) coffee
kávéház café
kávéskanál teaspoon
kazetta cassette
kedd Tuesday

kedves kind
kedvezmény arrangement (set
  price)
kedvezmény reduction
kedvezmény, leértékelés discount
kefe brush
kék blue
keksz cookie; biscuit
kelbimbó Brussels sprouts
kelés boil
kelet east
kell must
kemény hard
kemény (tojás) hard-boiled (egg)
kemping camping; campsite
kempingágy campbed
kempingasztal folding table
kempingezni camp, to
kempingfelszerelés camping
  equipment
kempingszék folding chair
kenyér bread
kép exposure; print; photo
  (photography)
képeslap postcard
kerámiák ceramics
kérdés question
kerek round
kerék wheel
kereknyakú round-neck
kerékpár bicycle
kerékpározás cycling
kérem please
kereszt cross
keresztét crossroads

keresztnév first name
keresztút intersection
keret frame (glasses)
kérni ask for, to
kert garden
kerülni (valamibe) cost, to
kés knife
később later
késön late
keserő bitter
keskeny narrow
készen ready
kesztyű glove
készülék appliance
két hét fortnight
kétágyas szoba double room
kétszer twice
kettő two
kevés a néhány few
kevesebb less
kéz hand
kezdődni car beindulni start, to
kezdődni begin, to
kezelés treatment
kezelési költség fee (doctor)
kézikocsi cart
kéziszövéső handmade
kézkrém hand cream
kézművesség handicrafts
ki who
kiadó let, to
kiállítás exhibition
kicserélni exchange, to
kicsi, kis small
kiég burn out, to (bulb)

kiegészítők, alkatrészek accessories
kiejtés pronunciation
kifejezés expression
kifejezés phrase
kificamodni sprain, to
kijárat exit
kikötő harbour
kilátás view
kilenc nine
kilencedik ninth
kilencven ninety
kiló kilo
kilométer kilometre
kilométer járulék mileage
kimosni, lemosni wash, to
Kina China
kinagyítani enlarge, to
kint outside
kipuffogó exhaust pipe
kirándulás excursion
kisasszony Miss
kisbaba baby
kistányér saucer
kitisztítani, lemosni clean, to
kitölteni fill in, to
kiugrani dislocate, to
kiütés rash
kiváló superb
kivasalni iron, to
kivenni withdraw, to (money)
kivizsgálás checkup (medical)
klasszikus classical
kocka bricks (toy)
köd fog

köhögés cough
köhögés elleni cukorka cough drops
köhögni cough, to
kölcsönzés hire
kölcsönzés rental
kölni perfume
kolostor convent; monastery
költeni spend, to
költség cost
költség expenses
kombiné slip
köménymag caraway
komp ferry
koncert concert
konnektor outlet (electric)
könnyő easy
kontaktlencse contact lens
konyha cuisine
könyv book
könyvesbolt bookshop
könyvtár library
konzerv can; container
konzervnyitó can [tin] opener
konzulátus consulate
korall coral
korán early
korcsolya skate
korcsolyapálya skating rink
kordbársony corduroy
kórház hospital
köröm nail
körömkefe nailbrush
körömolló nail clippers

körömreszelő nail file; emery board
körte pear
körülbelül about (approximately)
kosárlabda basketball
köszönés greeting
köszönöm thank you
kötél rope
kötszer bandage
követni follow, to
közben during
közel close (near)
közepes(méretű) medium-sized
közepesen kisütve medium (meat)
közlekedés transport
közlekedés forgalom traffic
kozmetikai szalon beauty salon
kozmetikumok cosmetics
között between
központ operator
közvetlen direct
krepp crepe
kristály crystal
króm chromium
kukorica sweetcorn
kulcs key
küldeni;feladni send, to
külön-külön separately
különlegesség speciality
külső external
kúp suppository
kusett berth
kutya dog

L

láb leg
labda ball (inflated)
lábfej foot
lábkenőcs foot cream
lábujj toe
lágy soft
lakcím home address
lakni (reside)
lakókocsi caravan
lakókocsi trailer
lámpa lamp
lámpás lantern
lánc chain (jewellery)
lány child **kislány** girl
lánya daughter
lánytestvér sister
lapát shovel; spade
lapos(talpú) flat
lassan slowly
lassú slow
látás eyesight
látcső binoculars
látni, nézni see, to
látogatási idő visiting hours
látszerész optician
láz temperature (fever)
le down
lé juice
lecke lesson
leégés sunburn
legalább at least
légiposta airmail
légkondicionálás air-conditioning
légkondicionáló air conditioner

legközelebbi nearest
lehet possible
lekvár jam
lélegezni, sóhajtani
  breathe, to
lemez compact disc (CD)
lemez disc
lencse lentil
lenni be, to
lent downstairs
lenyőgöző impressive
lenyelni swallow, to
leszállni get off, too
letét deposit
leülni sit down, to
levél letter
levélpapír writing paper
leves soup
levetkőzni undress, to
liba goose
lift elevator; lift
likőr liqueur
limonádé lemonade
liszt flour
liter litre
londiner bellboy
London London
lopás theft
lovaglás horseback riding
lóversenyzés horse racing
lyuk hole

M

mőfogsor denture
mővész artist

ma today
ma este tonight
madár bird
magas high blood pressure
magyar Hungarian
Magyarország Hungary
máj liver
majoránna marjoram
május May
mák poppy
malac pig
málna raspberry
mályvaszínő mauve
mandarin tangerine
mandula almond; tonsil
mandzsettagomb cuff link
manikőr manicure
maradni stay, to
március March
marhahús beef
mártás sauce
másik another
matiné matinéé
matrac mattress
mazsola raisin
mecset mosque
még yet
megálló stop (bus)
megállni stop, to
megbeszélt találkozó
  appointment
megcsípni sting, to
megerősíteni confirm, to
meghívás invitation
meghívni invite, to

megismételni repeat, to
megjavítani mend, to; repair, to
megjavítani, rendbe hozni fix, to
megmutatni merre van direct, to
megsérülni injure, to
megváltoztatni kicserélni; (money)
  (pénzt) váltani change, to
megvarrni stitch, to
megvizsgálni examine, to
meleg hot
meleg warm
meleg viz hot water
melegítő tracksuit
mell breast
mellék extension (phone)
mellény waistcoat
mellett next to
mellkas chest
melltartó bra
melyik which
menetrend timetable
menni go, to
mennydörgés thunder
mennyi how much
mennyiség quantity
menstruáció period
menstruációs fájdalmak
  menstrual (period) pains
mentő ambulance
mentőcsónak lifeboat
mentolos menthol
menü menu
méreg poison
mérgezés poisoning
mérleg balance

mesterséges artificial
méter metre
metró subway
méz honey
mező field
mi we
mi; mit what
miért why
mikor when
milliárd billion (Am.)
millió million
minőség quality
minden all
minden each; everything
mint than
mirigy gland
mise mass
mögött behind
mogyoró hazelnut
mokasszin moccasin
mondani say, to
moped moped
mosdó washbasin
mosható washable
mosoda launderette;
  laundry service
mosószer washing powder
most now
motor engine (car)
motorcsónak motorboat
motorkerékpár motorbike
mozgatni move, to
mozgólépcső escalator
mozi cinema
munkanap working day

musical musical
műsor floor show
mustár mustard
múzeum museum
müzli cereal

N

nő lady
nő woman
nővér nurse
nadrág pants [trousers]
nadrágtartó braces (suspenders)
nagy big; large
Nagy-Britannia Great Britain
nagybácsi uncle
nagynéni aunt
nagyon very
nagyszerű great (excellent)
nap day; sun
napernyő sunshade (beach)
napolaj sun-tan oil
naponta, egy napra per day
napos sunny
napozókrém suntan cream
nappali fény daylight
napszemüveg sunglasses
napszúrás sunstroke
naptár calendar
narancs orange
narancslé orange juice
narancssárga orange
nátha cold (illness)
negatív negative
négy four
negyed district (town)

negyedik fourth
négyszögletes rectangular
negyven forty
nehéz difficult; heavy
nehézség (probléma) difficulty
nélkül without
nem no
nem not
nem mőködik out of order
nemdohányzó non-smoker
Németország Germany
nemi szervek genitals
nemzetiség nationality
nemzetközi international
népzene folk music
név name
nevetni laugh, to
nincs eléggé átsütve rare (meat)
nőgyógyász gynaecologist
normál normal; regular (petrol)
Norvégia Norway
november November
nulla zero
nyakkendő tie
nyaklánc necklace
nyakmerevedés stiff neck
nyár summer
nyeles serpenyő saucepan
nyelv tongue
nyelvtankönyv grammar book
nyitva open
nylon szatyor plastic bag
nyolc eight
nyolcadik eighth

nyolcvan eighty
nyolcvanas évek eighties
nyomás pressure
nyugágy deck chair
nyugat west
nyugdíjas pensioner
nyugodt calm
nyúl rabbit

O

oda-vissza return (ticket); roundtrip
október October
olaj oil
Olaszország Italy
olcsó cheap
oldal side
olló scissors
ólommentes unleaded
omlett omelet
ón pewter
öngyújtó cigarette lighter
öngyújtó lighter
óniksz onyx
öntapadós adhesive
opera opera
opera(ház) opera house
operáció operation
operett operetta
óra hour
óra o'clock; watch
óránként per hour
órás watchmaker's
órás rádió clock-radio
óraszíj watchstrap

öreg, régi old
orr nose
orrvérzés nosebleed
ország country
örvény current
orvos doctor
orvosi medical
orvosi rendelő doctor's office
összeg amount
ösvény footpat; path
ősz fall (autumn)
öt five
óta since
ötödik fifth
ott there
ötven fifty
öv belt
öv girdle
ovális oval

P

páciens patient
pajesz sideboards/burns
palacsinta pancake
pálinka brandy
palota palace
pályaudvar, vasútállomás railway station
pályaudvar station
pamut cotton
pamutvászon denim
panasz complaint
pap priest
papír paper
papírszalvéta paper napkin

papírtörülköző sanitary towel/napkin
papírzsebkendő tissue (handkerchief)
papucs slipper
pár pair
paradicsom tomato
paradicsomlé tomato juice
park gardens
park park
parkolás parking
parkolni park, to
parkoló car park
parkolóóra parking meter
parlament parliament
párna pillow
paróka wig
parti party
pékség baker's
pelenka diaper
pelenka nappy
penge blade
penicillin penicilliné
péntek Friday
pénz money
pénzbefizetés money order
pénztár cash desk
pénztárca wallet
perc minute
petrezselyem parsley
petróleum kerosene
piac market
piknik picnic
pillanat moment
pincér waiter

pincérnő; kisasszony waitress
pipa pipe
piritós toast
pisztráng trout
pizsama pyjamas
planetárium planetarium
platina platinum
poggyász luggage trolley
poggyász(kézi)kocsi trolley
poggyászkocsi baggage cart
poggyászmegőrző baggage check; luggage locker
pohár glass
polc shelf
póló T-shirt
pompás magnificent
pongyola dressing gown
ponty carp
popzene pop music
porcelán porcelain
pörkölt stew
Portugália Portugal
posta mail
posta post office
postaköltség postage
postaláda mailbox
poste restante general delivery
pót; még egy extra
pótmama babysitter
próbafülke fitting room
profit profit
púder face powder
púder talcum powder
pulóver pullover
pulyka turkey

R

R-beszélgetés collect call
rabbi rabbi
radír eraser
ragasztó glue
ragasztószalag adhesive tape
rágógumi chewing gum
rajzlap drawing paper
rajzszeg thumbtack
rák crab
rántotta scrambled egg
recepció reception
recepciós receptionist
recept prescription
református Protestant
régészet archaeology
reggeli breakfast
régi városnegyed old town
régiségek antiques
régiségkereskedés antique shop
remélni hope, to
rémisztő terrifying
rendőrség police
rendőrség police station
rendező director (theatre)
rendszer system
repülőgép airplane
repülőgép plane
repülőtér airport
rész part
reszelő file (tool)
reuma rheumatism
réz copper
ribizli redcurrant
rizs rice

robogó scooter
rokkant disabled
roló blind (window)
rom ruin
röntgen X-ray
röplabda volleyball
rossz bad
rosszabb worse
roston sült grilled
rovarcsípés insect bite
rovarirtó insect repellent
rövid short
rövidítés abbreviation
rövidlátó short-sighted
rozmaring rosemary
rózsafőzér rosary
rózsaszín pink
rubint ruby
rugalmas elastic
rugalmas fásli elastic bandage
ruha dress
ruhacsipesz clothes peg
ruhaneműk clothes
ruhatár cloakroom
ruházkodás clothing
rum rum
rúzs blusher
rúzs lipstick

S

sáfrány saffron
sajnálom sorry
sajt cheese
sakk chess
sakk chess set

sál scarf
saláta lettuce
saláta salad
sampon shampoo
sapka cap
sárga yellow
sárgabarack apricot
sárgarépa carrot
sárgaság jaundice
sarok corner
sarok heel
sátor tent
sátorlap groundsheet
seb wound
sebész surgeon
sebtapasz Band-Aid/ Elastoplast;
    plaster
segíteni help, to
segítség! help!
selyem silk
serpenyő frying pan
sertés pork
sérülés injury
sérült injured
si ski
síelni ski, to
síelni skiing
sifon chiffon
sir tomb
skarlátvörös scarlet
Skócia Scotland
smaragd emerald
só salt
soha never
sok lot; many; much

sok dolga van busy
sör beer
sörnyitó bottle opener
sort shorts
sós salty
sós keksz cracker
sötét dark
souvenir souvenir
souvenir bolt souvenir shop
Spanyolország Spain
spárga asparagus
speciális special
spenót spinach
sport sport
stadion stadium
stoppolni hitchhike, to
strand beach
strandlabda beach ball
sült fried
sült roasted
sült krumpli french fries
sült krumpli, hasábburgonya chips
sült, sülve baked
surf windsurfer
sürgős urgent
sütemény cake
sütemény pastry
Svájc Switzerland
Svédország Sweden
szőlőskert vineyard
szőlőzsír lipsalve
szabad vacant
szabad szoba vacancy
szabadnap day off

szabadság holidays
szabadság vacation
szabadtéri open air
szabó tailor's
szacharin sweetener
száj mouth
szájvíz mouthwash
szakáll beard
szakorvos specialist
szalag ribbon
szállás accommodation
szállítani deliver, to
szállítás delivery
szálloda hotel
szállodai szobafoglalás hotel reservation
szalonna bacon
szalvéta napkin
szalvéta serviette
szám number
számla invoice
számla (banknote) bankjegy; címlet bill
számológép calculator
szandál sandal
szappan soap
száraz dry
szárnyas poultry
szárnyasok fowl
szatén satin
száz hundred
százalék per cent; percentage
szeder blackberry
szeder mulberry
szédülni dizzy, to feel

széf safe
szegfűszeg clove
szék chair
székrekedés constipation
szél wind
széles wide
szelet slice (ham)
szélvédő windscreen/shield
szem eye
szemben opposite
szemceruza eyeliner
szemcsepp eye drops
személy; fő person
személyenként per person
személyes personal
személyzet staff
szemész eye specialist
szemfesték eye shadow
szemöldökceruza eyebrow pencil
szemüveg glasses
szénanátha hay fever
szendvics sandwich
szép nice
szép pretty
szép, gyönyörő beautiful
szeptember September
szerda Wednesday
szerecsendió nutmeg
szerelő mechanic
szerencse luck
szeretni love, to
szeretni like, to
szervizkocsi, autómentő
  breakdown van
szervizkocsi, autómentő tow truck

szerződés contract
szeszes alcoholic
szia; (phone) halló hello!
szilárd sturdy
szilva plum
szín color
színház theater
színtábla color chart
színtartó colorfast
szintetikus synthetic
szív heart
szivacs sponge
szivar cigar
szívdobogás palpitation
szívinfarktus heart attack
szó word
szobalány maid
szobor statue
szobrász sculptor
szobrászat sculpture
szőkítés bleach
szoknya skirt
szökőkút fountain
szólista soloist
szőlő grape
szombat Saturday
szomjas(nak) lenni thirsty, to be
szőrmekereskedés furrier's
szótár dictionary
szövet fabric (cloth)
szükséges necessary
szükséges required
szükséghelyzet emergency
szülők parents
születés birth

születés helye place of birth
születésnap birthday
született born
szúnyogháló mosquito net
szuper super (petrol)
szürke gray
szűrő filter

T

tő needle; pin
tábla csokoládé chocolate bar
tabletta pill; tablet
takaró blanket
találkozni meet, to
találni find, to; get, to
talán perhaps
talp sole
tályog abscess
tampon tampon
táncolni dance, to
tanulni study, to
tanya farm
tányér plate
tárca; tok case (cigarettes etc)
tartalékgumi spare tyre
tartozni owe, to
táska handbag; bag
tavasz spring
távirat cable
távol, messze far
távollátó long-sighted
távolsági busz coach (bus)
taxi taxi
te, ön you
tea tea

tegnap yesterday
tej milk
tejbolt dairy
tejszín (toiletry) **krém** cream
tél winter
tele full
telefon telephone
telefonálni telephone, to
telefonbeszélgetés call (phone)
telefonbeszélgetés telephone call
telefonkönyv directory (phone)
telefonszám telephone number
teljes ellátás full board
teljeskörű biztosítás full insurance
temető cemetery
templom church
tenisz tennis
teniszpálya tennis court
teniszütő tennis racket
tenni put, to
tér square
terasz terrace
térd knee
terhes pregnant
térkép map
tessék pardon
test body
tészta pasta
tetanusz tetanus
teteje, felül top
teveszőr camel-hair
tilos prohibited
tiltani forbid, to
timsó astringent
tiszta clean

tiszta pure
tisztító krém cleansing cream
titkárnő secretary
tíz ten
tizedik tenth
tizenegy eleven
tizenhárom thirteen
tizenhat sixteen
tizenhét seventeen
tizenkettő twelve
tizenkilenc nineteen
tizennégy fourteen
tizennyolc eighteen
tizenöt fifteen
tó lake
tó pond
több more
tojás egg
tőke capital(finance)
tőkehal cod
toll pen
tolmács interpreter
tolni push, to
töltőtoll fountain pen
töltött stuffed
tolvaj thief
tömés filling (tooth)
tonhal tuna
tonikkal gin and tonic
topáz topaz
tornacipő sneakers
torok throat
torokfájás sore throat
torokfájás elleni cukorka throat lozenge

töröltetni cancel, to
torony tower
történelem history
törülköző towel
transzformátor transformer
traveller's csekk traveler's check
tubák snuff
tucat dozen
tüdő lung
tüdőgyulladás pneumonia
tudni; ismerni know, to
tükör mirror
tükörtojás fried egg
türkiz turquoise
tűz fire
tyúkszemirtó corn plaster

U

uborka cucumber; gerkin
üdítő soft drink
üdvözlet regards
új new
Új-Zéland New Zealand
Újév New Year
ujj finger
újság newspaper
újságos newsagent's
újságos newsstand
ünnepnap holiday
unokahúg niece
unokaöccs nephew
unokatestvér cousin
üres empty
űrlap; bejelentőlap form (document)
úszás; fürdés swimming

úszni, fürdeni swim, to
uszoda swimming pool
úszónadrág swimming trunks
út road; way
út; utazás trip
ütők racket
után after
utazási iroda tourist office
utazni travel, to
utca street
utcai oldalon front
útikalauz travel guide
útlevél passport
útlevélkép passport photo
útvonal route
üveg bottle; jar
üzenet message
üzlet business
üzlet, bolt shop
üzleti negyed business district
üzleti út business trip

V

V-nyakú V-neck
vacsora dinner
vaddisznó wild boar
vágány platform
vágás cut (wound)
vagy or
vaj butter
vakbél appendix
vakbélgyulladás appendicitis
vaku flash (photography)
valahol anywhere; somewhere
valaki anyone

valaki someone
valami anything
valami something
váll, lapocka shoulder
vallás religion
valódi genuine
valódi real
valuta, pénznem currency
valutaváltás currency exchange
   office
vám duty (customs)
vanília vanilla
vár castle
várni expect, to; wait, to
város city; town
városháza town hall
városnézés sightseeing; tour
váróterem waiting room
varrni sew, to
vasalni press, to (iron)
vasaló iron v
vásár fair
vásárlás shopping
vasárnap Sunday
vasedény bolt hardware store
vasút railway
vászon cloth
vatta cotton wool
vége end
vége van finish, to
vegetáriánus vegetarian
vegyes miscellaneous
vékony thin
venni buy, to
ventillátor fan

vér blood
vérátömlesztés blood transfusion
vérezni bleed, to
vermut vermouth
vérnyomás blood pressure
vese kidney
veszély danger
veszélyes dangerous
vészkijárat emergency exit
veszteség loss
vétel purchase
vezetni drive, to
vígjáték comedy
vigyázat caution
vihar thunderstorm
villa fork
villámlás lightning
villamos streetcar
villamos tram
villanykörte bulb (light)
vinni carry, to
virág flower
virágbolt florist's
virsli, kolbász sausage
visszahívni call back, to
visszaigazolás confirmation
viszontlátásra goodbye
vitamin vitamins
viteldíj fare
vitorlás sailing boat
viz water
vízálló waterproof
vizelet urine
vízesés waterfall

vízhólyag blister
vízisí waterski
vizsgálat control
vodka vodka
vödör bucket; pail
völgy valley
vonat train
vörös, piros red

W

W.C. toilet
W.C. papír toilet paper
Wales Wales
whisky whisky

Z

zafír sapphire
zajos noisy
zakó jacket
zárni close, to
zárva closed
zárva shut
zavarni disturb, to
zeller celery
zene music
zokni sock
zöld green
zöldbab green bean
zöldborsó pea
zöldséges greengrocer's
zománc enamel
zoológia zoology
zseb pocket
zsebkendő handkerchief
zsebkés penknife

zsebkönyv paperback
zseblámpa flashlight
zsebszámológép calculator
zsinagóga synagogue
zsineg string
zsír fat (meat)
zsírkréta crayon
zsíros greasy
zuhanyozó shower
zúzódás bruise